企业社会责任对创新投资的影响研究

张 瑞◎著

四川大学出版社

项目策划：徐　凯
责任编辑：徐　凯
责任校对：毛张琳
封面设计：墨创文化
责任印制：王　炜

图书在版编目（CIP）数据

企业社会责任对创新投资的影响研究／张瑞著．—成都：四川大学出版社，2020.11
（博士文库）
ISBN 978-7-5690-3959-7

Ⅰ．①企… Ⅱ．①张… Ⅲ．①企业责任－社会责任－影响－企业－投资－研究－中国 Ⅳ．① F279.23

中国版本图书馆 CIP 数据核字（2020）第 219062 号

书名		企业社会责任对创新投资的影响研究
著　者		张　瑞
出　版		四川大学出版社
地　址		成都市一环路南一段 24 号（610065）
发　行		四川大学出版社
书　号		ISBN 978-7-5690-3959-7
印前制作		四川胜翔数码印务设计有限公司
印　刷		郫县犀浦印刷厂
成品尺寸		148mm×210mm
印　张		6.25
字　数		134 千字
版　次		2021 年 1 月第 1 版
印　次		2021 年 1 月第 1 次印刷
定　价		32.00 元

版权所有 ◆ 侵权必究

◆ 读者邮购本书，请与本社发行科联系。
　电话：（028）85408408/（028）85401670/
　（028）86408023　邮政编码：610065
◆ 本社图书如有印装质量问题，请寄回出版社调换。
◆ 网址：http://press.scu.edu.cn

四川大学出版社
微信公众号

目 录

绪 论 …………………………………………………… (001)

第一章 文献综述 ……………………………………… (020)
 第一节 创新投资研究综述 ………………………… (021)
 第二节 企业社会责任研究综述 …………………… (031)
 第三节 企业履行社会责任的经济后果 …………… (043)
 本章小结 ……………………………………………… (055)

第二章 理论基础与理论框架构建 …………………… (057)
 第一节 政府补贴理论 ……………………………… (057)
 第二节 融资约束理论 ……………………………… (064)
 第三节 代理成本理论 ……………………………… (068)
 第四节 理论框架 …………………………………… (072)

第三章 企业社会责任对创新投资的影响：基本分析
 ………………………………………………………… (075)
 第一节 问题的提出 ………………………………… (075)
 第二节 研究假设 …………………………………… (077)
 第三节 研究设计 …………………………………… (078)
 第四节 实证结果分析 ……………………………… (083)

第五节　内生性问题处理……………………（096）

第六节　稳健性检验…………………………（100）

本章小结………………………………………（102）

第四章　企业社会责任对创新投资的影响：路径分析
………………………………………………（104）

第一节　问题的提出…………………………（104）

第二节　研究假设……………………………（105）

第三节　研究设计……………………………（108）

第四节　实证结果分析………………………（117）

第五节　内生性问题处理……………………（138）

本章小结………………………………………（142）

第五章　企业社会责任对创新投资的影响：拓展分析
………………………………………………（143）

第一节　问题的提出…………………………（143）

第二节　研究假设……………………………（144）

第三节　研究设计……………………………（148）

第四节　实证结果分析………………………（153）

本章小结………………………………………（165）

结　论………………………………………（166）

参考文献……………………………………（172）

绪　论

一、研究背景

技术创新对于推动经济发展和社会进步有着重要的作用。在过去二十年间，中国科技创新取得了较为显著的进步，诸如高铁技术的不断精进和应用、航空母舰建造技术的实现以及神舟航天科技的发展，这些技术创新成果不断刷新国人对中国制造的信心和期望。然而，诸如高铁、航空母舰和航天科技等核心技术的实现大都是以国家主导的科研机构和研究型大学为主体的，作为市场经济主体的企业在创新方面仍然存在着很大的不足，由企业主导的革新技术较少，甚至许多企业的核心技术来自国外进口，一旦被其他国家限制，就会处于十分被动的境地，2018年美国制裁中兴的事件就说明了这一点。这种情况与发达国家有着本质的差别，很多发达国家的技术和专利创新都是由企业研发并掌握的，甚至火箭回收、火星登陆计划等大型项目都是由企业实现的。可见，相较于我国国家主导的研究机构和院所，外国企业具有更强的主动性和开拓性，能够更有效地利用资源和将精力投入创新，提升创新的绩效和成果输出。从这个意义上来说,我国的技术创新活动不仅要依赖研究机构和院所的推动,还需要广大企业等市场主体的积极参与。

从改革开放初期邓小平同志提出"科学技术是第一生产力"的论断,到李克强总理提出"大众创业,万众创新"的理念,无不透露出国家对企业创新的支持和关注。制度创新解放了生产力,改变了束缚生产力发展的经济体制;技术创新发展了生产力,丰富了物质文化产品的供给。[①] 特别是进入 21 世纪,我国政府更是将企业创新提高到了国家战略地位,并提出了"坚持以企业为核心加快推进我国技术升级"的发展理念,使得企业在技术创新中的作用与责任进一步明确,并推出了一系列政策来支持企业创新,如 2019 年 1 月 28 日,中国证监会发布《关于在上海证券交易所设立科创板并试点注册制的实施意见》,这是实施创新驱动发展战略的重大举措。

这些政策和措施对于促进企业创新产生了较为积极的影响,从数据来看,我国 R&D 总支出在逐年上涨,由 2007 年的 0.37 万亿元增加到 2017 年的 1.76 万亿元,十年间增长了近 5 倍,R&D 支出与 GDP 之比也从 1.35% 增加到了 2.15%,超过了欧盟十五国 2.1% 的平均水平。[②] 其中,企业研发经费支出占研发经费总支出比重在 70%

---

① 胡国平,张瑞. 为万众创新营造良好环境 [N]. 经济日报,2015-07-02 (04).

② 数据来源:中华人民共和国科学技术部官方网站,http://www.most.gov.cn.

以上，表明在技术创新活动中企业发挥着越来越重要的作用。从企业层面来看，2007—2017年进行R&D投资活动的企业占全部企业的比重从5.8%上升至27%，增长了近五倍。尽管开展R&D活动的企业数量及占比在不断增加，但还有相当数量的企业并未开展创新活动，与发达国家的平均水平还有很大的差距。特别是作为基础产业的制造业，进行R&D活动的企业比重远低于发达国家。此外，从当前国内企业创新投资强度来看，规模以上工业企业研发投入规模在其主营业务收入中的占比仅为0.71%，而以美国为代表的发达国家却达到了2.5%~4%。① 对国内上市公司来说，其研发投入在主营业务收入中的占比最高的为21.2%，最低的甚至还不到0.01%，反映出不同企业之间研发投入存在着较大的差异性。

尽管学术界对创新投资决策影响因素的研究已经较为成熟，但大多数研究还集中在诸如企业规模、产权性质和现金约束等财务指标上，鲜有文献关注诸如公司文化、法律制度等"软因素"对创新的影响。企业社会责任作为企业文化的重要载体，其与创新投资决策也具有密切的相关性。研究企业社会责任与创新投资的关系问题，对于理解文化等软实力对企业发展乃至国家经济的提升都有重要意义。

企业在创造利润、解决就业、上缴税收的同时，还应

---

① 梁达. 研发投入对创新创业有超常作用[J]. 中国中小企业，2016，76-79.

该遵守商业伦理并履行社会责任。如何看待企业追求利润最大化与履行社会责任之间的关系？米尔顿·弗里德曼（Milton Friedman）在 1970 年就提出："企业的一项、也是唯一的社会责任是在比赛规则范围内增加利润。"

我国改革开放 40 多年以来，企业社会责任也随着经济改革的深入而稳步推进。企业对社会责任的认知从漠不关心、可有可无到越来越重视，编制企业社会责任报告逐渐从例行公事向日常管理行为转化，企业社会责任报告成为优化公司治理、增强利益相关方信任的重要手段。①

具有良好社会责任的企业能够在环境保护、民生改善、公益扶贫以及社会捐赠等方面发挥积极作用。同时，良好的社会责任也要求企业在经营和发展中更加重视企业文化建设、积极遵守法律法规以及完善信息披露制度等。随着我国经济进入"新常态"，政府对环境保护、民生改善以及产业转型的重视程度加大，企业社会责任的明确和落实受到越来越多的关注。从全球视角来看，我国企业对社会责任的投入和重视从最初的漠不关心到如今的积极参与，在学习西方国家企业社会责任活动经验的基础上不断提升社会责任的覆盖面和参与度，其关注的内容也从较早时期的产品质量、员工关怀和环境保护等扩展到供应链条、信息披露、公益慈善诸多领域，涉及的主体也从最初的股东向企业所有利益相关者转变，包括供应商、员工、

---

① 邓晓蕾. 企业社会责任发展步入新阶段，盈利或成趋势［N］. 经济观察报，2018-12-14.

投资者、社会公众以及政府部门等。由于企业社会责任涉及众多社会主体的利益，投资者、公众以及政府部门对企业社会责任活动的关注度不断提升，企业的社会责任履行情况直接影响政商关系、内部代理关系、银企关系，进而对企业的融资、投资以及经营产生重要影响，从全社会范围来看，企业社会责任已成为经济发展、转型以及产业竞争力提升的重要推动力。

对企业而言，积极推动和开展社会责任活动必然会产生企业成本支出和信息披露压力。这种似乎违背"利润最大化"初衷的行为，是企业的觉醒，还是寻求其他回报的投资战略？以往的研究表明，企业从事社会责任活动会从多方面对企业的经营和发展产生积极的影响：首先，企业从事社会责任活动向外界释放了经营良好、业绩突出的信号，同时树立起较为正面的企业形象，有利于企业以较低成本获取资金，缓解融资约束；其次，企业从事社会责任活动是对政府公共责任的一种补充和支持，有利于企业与政府之间建立紧密的政商关系，便于企业获得政府补贴等政策红利；最后，良好的企业社会责任能够有效提升企业的运营效率，降低代理成本，是公司治理机制的重要补充。

基于此，本书系统研究了企业社会责任与创新投资的关系，试图回答以下几个问题：企业社会责任对创新投资产生何种影响？企业社会责任对创新投资各个维度的影响是否不同？这种影响产生的路径是什么？哪些因素会对企业社会责任与创新投资决策的关系产生影响？本书将围绕这些问题开展深入具体的研究，重点分析企业社会责任给企业创新决策过程带来的影响及相关影响形成的内在机制，还要研究其他因素对企业社会责任及创新投资决策间的关系的调节作用，在此基础上，从企业社会责任的视角出发，提出增强企业创新投资强度、提升创新投资产出及创新投资绩效的建议、措施。

二、研究意义

本书基于对国内外大量研究文献的梳理，重点围绕三个方面进行分析，即创新投资强度、创新投资产出和创新投资绩效，并从融资约束、政府补贴和代理成本三个方面探究企业社会责任对创新投资决策不同维度的影响。在此基础上研究市场结构和地区市场化水平对上述关系的影响。本书的研究结论在理论和现实上都具有一定的意义。

（一）理论意义

首先，本书对企业社会责任的定义进行了归纳和总结，厘清了学术界对企业社会责任定义和分类的杂乱局面。近年来，政府、公众以及投资者对企业社会责任的关注度不断提升，学术界亦开展了相关研究，但大都集中在对企业社会责任内容的界定、国外研究发展综述以及企业社会责任与公司价值的关系等方面，鲜有文献关注企业社会责任形象作为企业文化的重要载体对企业融资、投资以及经营活动产生的重要影响。

其次，目前多数文献对创新投资的研究大多集中在创新投资强度方面,较少关注创新投资的全过程。大多数研究陷入了创新投资的"黑箱",既没有深入探究各种因素如何影响创新投资的各个维度,也没有通过实证检验的方式进行相关研究,多以理论研究为主。本书在以往研究的基础上,借助投入—产出—绩效的逻辑线条分析了创新投资的全过程,将创新投资分为创新投资强度、创新投资产出以及创新投资绩效三个维度。具体而言,在创新投资强度上,重点通过企业 R&D 支出与主营业务之比来考察企业进行创新投资的强度;在创新投资产出上,重点考察企业创新成果即申请专利的数量;在创新投资绩效上,重点考察单位 R&D 支出所能产生的专利申请数量。

最后,本书还就企业社会责任与创新投资各阶段的关系及作用路径进行了分析,探究了其他外部因素对上述关系的调节作用;运用实证方法阐述了企业社会责任与创新投资不同阶段的关系,利用中介效应模型从政府补贴、融资约束和代理成本三个方面探究了这种影响的内在路径,借助调节中介效应模型考察了市场结构以及地区市场化水平的调节作用;概括了在创新投资过程中企业社会责任的影响及其机制,以及外部因素对两者关系的调节作用,以为未来的研究提供借鉴。

(二)现实意义

首先,本书从创新投资的全过程出发,讨论了在创新投资不同维度中企业社会责任对创新投资决策产生影响的关键因素,为企业决策者制定创新战略提供了参考依据。

研究表明：（1）积极争取政府补贴对创新投资具有较强的信号作用和政策支持效果；（2）企业自身的融资约束问题是制约其创新投资强度的关键所在；（3）提升治理水平、降低代理成本是实现高效创新的核心。良好的企业社会责任形象可以有效获取政府补贴、缓解融资约束以及降低代理成本。因此，本书针对企业在创新投资各个维度中所需要重点考虑的因素，提供了较为细致、科学的路线图。

其次，本书考察的核心在于企业社会责任对创新投资的影响，企业的管理层和所有者应当充分认识企业社会责任对企业发展的推动作用，将企业社会责任提升到公司战略的高度进行系统化评估。企业社会责任有利于充分发挥声誉机制，解决信息不对称问题，使得政策的制定及实施更加贴近市场。长期以来，企业社会责任活动被广大企业管理者视为"肉包子打狗"的亏本买卖，与企业"利润最大化"目标相悖，而本书认为，对企业而言，开展企业社会责任活动是另一种形式的投资活动。良好的企业社会责任可以使企业更容易获取政府补贴、缓解融资约束并降低代理成本，进而能够有效促进企业的创新投资。本书对企业社会责任与企业创新投资间的关系及影响作用进行研究，使企业决策者能够更加理性地对待与企业社会责任相关的投入和支出，并积极有效地运用企业社会责任推动企业更好地发展。

最后，尽管我国政府对创新的支持和引导政策力度不断加大，社会整体创新水平和产出也有了很大的提升，但是企业之间创新投资的投入、产出以及绩效存在着较大的差异，企业创新水平还远低于欧美国家。从这个层面来说，促进企业创新仅仅依靠政府的相关政策支持是不够的，更重要的是要构建可以对企业创新投资形成激励作用的制度。研究发现，企业社会责任对创新投资行为有着较强的激励作用，能够有效提升创新投资的投入、产出以及绩效。因此，完善企业社会责任相关法律法规机制，鼓励企业积极主动地承担社会责任并逐步构建较为完善的企业社会责任信息披露机制，对增强国内企业的创新水平有着显著作用。

三、概念界定

为了更好地理解本书的研究内容，本部分对涉及的主要概念进行界定，主要包括创新投资（又包括创新投资强度、创新投资产出、创新投资绩效）以及企业社会责任。

（一）创新投资

按照经济学家熊彼特在 1912 年提出的观点，创新（Innovation）实质上是对生产资料的再组合，产生全新的生产模式和成果。弗里曼（1982）则指出，创新不单单是生产要素的重新组合，还包括对原有生产模式、商业模式的技术化和应用。因此，在进行创新投资产出研究时，应当同时关注发明专利数量和实用专利数量。魏江和许庆瑞（1995）在研究中指出，创新主要指的是由新思想形成到推出市场化产品以更好地满足消费者需求的过程，这个过程既涉及技术成本的创新，也涉及对相关研究的推广与应用。

创新投资（Innovation Investment）是在创新的基础上进一步深化而来的，涉及企业创新的多个方面，是企业投资决策较为重要的一环，也是企业持续发展的主要动力之一。创新投资的研究不单单集中在创新的问题上，更多地强调投资。也就是说，创新投资应当是为创新而进行的投资，不仅包括为了提升知识存量而进行的基础研究，还包括对基础研究的应用进行的投资活动。学术界对创新投资的定义进行了较为详尽的描述，王栋等（2016）提出，创新投资是指企业为了经营发展和提升竞争力的需要，借助已有的人力、资金以及技术等资源对原有的或者全新的技术、产品服务进行升级和换代所进行的一系列投资活动。在企业进行创新投资需要的诸多资源中，Akin（2010）认为资金是最重要的资源，其对创新成果有着关键影响。所以，基于相关文献，本书认为创新投资应当涵盖企业创新活动的主要过程，包括对创新投资进行的资金投入、创新实现中的成果输出以及创新过程中的绩效情况。为此，本书对创新活动的界定分三个维度，即创新投资强度、创新投资产出和创新投资绩效。

1. 创新投资强度

广义的创新投资强度是指企业在创新活动过程中各种资源的投入，这里所说的资源涉及人力、信息技术、物资和资金（社会资本）等（魏蒙，2017）。狭义的创新投资强度指的是企业为了开展创新活动而投入的资金。目前，大部分研究均是基于狭义创新进行的，如杨建君和盛锁

(2007)以R&D支出作为评价企业创新投资强度的核心指标（冯根福，温军，2008；胡艳，马连福，2015）。基于相关文献资料的梳理及资金对开展创新活动的影响（Pavitt，1983；Akin，2010；王栋等，2016），本书将企业在创新活动中的资金投入程度界定为创新投资强度。

2. 创新投资产出

创新投资产出反映了创新投资活动的成果，指企业在创新活动中所取得的产出（Alegre and Chiva，2013）。有学者指出（Hall，1984），创新活动的产出一般用专利来衡量，可以有效地反映创新投资产出的大小。从创新投资的过程来看，企业通过创新投资投入的资金经过研究开发最终实现了资金等资源向创新成果的转换。Meeus和Oerlemans（2000）将创新投资产出定义为专利等具有长期价值回报的资产。一般而言，专利包括发明专利、设计专利以及外观专利等。因此，本书提及的创新投资产出主要指企业申请的各种专利数量之和。

3. 创新投资绩效

绩效主要体现的是企业经营管理活动的效率水平，创新投资绩效主要指的是企业通过开展某些创新投入活动而获得的产出成果。朱月仙（2007）认为，单位创新资本投入所带来的创新投资成果或产出反映了创新投资绩效。因此，在前人研究的基础上，本书将创新投资绩效定义为创新投资产出与企业创新投入之比，也就是单位R&D支出所能产生的专利申请数量。

(二) 企业社会责任

1924 年,英国学者 Oliver Sheldon 第一次提出企业社会责任的概念:"企业在进行生产和经营活动的时候,肩负着对社会和公众目标相应的责任。"这一论断在其所著的 The Philosophy of Management 一书中有详细阐释。

目前,学术界对于"企业社会责任"仍然没有统一的界定,更多的是从经济责任、法律责任、道德责任和慈善责任四个方面来评价企业社会责任(Mcwilliams and Siegel, 2001; 李正, 2006)。经济责任强调的是为消费者提供优质品的同时为员工及股东等提供更充足的物质;法律责任强调的是企业在经营过程中要承担相应的法律责任与义务,要严格遵照国家相关法律法规;道德责任强调的是企业在生存发展中应承担一定的社会责任,按照相关道德标准等对自身行为进行有效约束;慈善责任强调的是企业在某些社会价值观的指导下承担相应的社会责任,如帮助社会弱势群体等。徐尚昆、杨汝岱等人在研究中结合我国实际情况对企业社会责任概念及分类进行了具体研究,在推动国内企业社会责任概念的完善方面做了有益探索。[1]

基于以上分析,本书采用四层次型企业社会责任定义,认为企业社会责任指企业出于其利益相关者诉求的考

---

[1] 徐尚昆,杨汝岱. 企业社会责任概念范畴的归纳性分析 [J]. 中国工业经济, 2007 (5): 71-79.

量，持之以恒地用合宜的行为在促进员工发展、家庭和谐、社区稳定和属地经济社会繁荣的同时，实现属地经济发展、人民生活水平提高与劳资关系融洽、环境保护等民生工程同步发展。

四、研究方法

为深入探索企业社会责任对创新投资的影响，并从政府补贴、融资约束和代理成本三个方面探究这种影响的内在机制，考察市场结构和地区市场化水平对上述关系的调节作用，本书主要采用了以下几种方法：

1. 文献分析法

为了很好地研究企业社会责任与创新投资之间的关系问题，本书首先收集整理了大量与创新投资有关的文献资料，明确了创新投资的研究边界，发现了现有研究的不足，提出了从投入、产出和效率三个阶段来呈现创新投资的全过程，从更为系统全面的角度分析理解企业社会责任对创新投资的影响。在企业社会责任方面，梳理了近年来有价值的文献，发现学术界对企业社会责任的界定存在着较大的差异，特别是国内外的研究。在综合各类研究文献的基础上，本书提出与我国现实情况相适应的企业社会责任概念，并明确了相关度量指标。

另外，为了对企业社会责任与创新投资间的关系及作用机制有更深入的了解，本书通过梳理和分析文献总结了政府补贴、融资约束和代理成本三个路径。通过文献回顾发现有关企业社会责任对创新投资影响的相关研究多关注文化和人力资本层面，鲜有文献对二者关系形成的内在机制进行研究。

2. 描述性统计分析

本书在回归分析前，对所有参与回归的变量进行了描述性统计。描述性统计主要对变量的均值、中位数、标准差以及25%、75%分位数进行了分析，通过变量的各指标数值对其分布特征进行了推断。此外，还按照市场结构和地区市场化水平将企业社会责任评分和创新投资进行了分组描述性统计，对照分析不同组间变量的差异性，为后续的调节效应分析提供了初步的证据。从分组描述性统计的结果来看，无论是企业社会责任评分还是创新投资相关变量，在不同的分组标准下均存在较为明显的组间差异，这就说明市场结构和地区市场化两个调节变量对企业社会责任与创新投资之间的关系存在调节效应。

3. 相关性检验与方差膨胀因子分析

本书分别对创新投资强度、创新投资产出、创新投资绩效与企业社会责任评分和全部控制变量进行了相关性检验。同时，在研究中基于Pearson、Spearman两种相关分析法来验证不同变量间的相关性。为了检验可能出现的共线性问题，在相关性分析的基础上进一步采用了Kleinbaum（1998）的检验方法，进行了方差膨胀因子分析。

4. 中介效应模型

本书使用了中介效应模型，考察了企业社会责任如何通过政府补贴、融资约束和代理成本三个中介变量对创新投资产生影响，使用调节中介效应模型检验了市场结构和地区市场化水平两个调节变量对上述关系的影响，确认了中介效应模型发挥作用的不同路径。

五、研究内容与技术路线

（一）研究内容

绪论部分概括性地阐述了全书的研究背景、研究的理论意义及现实意义、相关概念界定、研究方法、研究内容和主要创新点。

第一章为文献综述。通过多种渠道收集了大量与创新投资相关的文献，在此基础上围绕创新投资的内涵以及分类、创新投资的测度以及创新投资影响因素三个角度对文献资料做了分类整理，为后文针对创新投资强度、创新投资产出和创新投资绩效对创新投资决策的影响开展研究做好铺垫。首先梳理了政府补贴、融资约束和代理成本与创新投资的关系的相关文献，为后续实证假设检验的提出做好理论准备。其次，梳理与评述了企业社会责任相关的国内外文献，为后续实证分析奠定基础，为模型构建提供依据。最后，通过分析企业社会责任与创新投资研究文献，在梳理前人研究成果与不足的基础上，明确了本书的主要研究方向及研究思路。

第二章为理论基础与理论框架构建。主要梳理了全书的理论分析和研究假设涉及的相关理论，并构建了理论框架。从政府补贴、融资约束和代理成本三个方面阐释了理论基础，建立了企业社会责任与创新投资之间的关系，为后续的实证分析提供了理论框架。

第三章为企业社会责任对创新投资影响的基本分析。首先，从理论上分析了企业社会责任对创新投资的影响。其次，基于假设的提出进行研究设计，包括样本选取、数据来源、变量定义和模型构建等。最后，选择我国Ａ股上市公司为样本进行回归分析，对假设进行检验。研究表明：企业社会责任对创新投资产生了积极的影响，这就意味着企业社会责任评分越高的上市公司，其创新投资强度越大、创新投资产出越多、创新投资绩效越高。这一结论在控制了可能存在的反向因果关系和遗漏变量两种内生性问题的情况下依然成立。

第四章为企业社会责任对创新投资影响的机制分析。首先，从政府补贴、融资约束和代理成本三个维度分析了企业社会责任对创新投资产生影响的内在机制。其次，基于假设进行模型设计，从样本的选取、变量的定义、数据的来源方面做简要介绍，利用中介效应模型开展研究。最后，以我国Ａ股上市公司的数据为研究样本进行回归分析，对假设的正确性开展检验。研究表明：企业社会责任对创新投资的影响是通过政府补贴、融资约束和代理成本三个路径实现的。具体而言，在创新投资强度方面，企业社会责任通过政府补贴、融资约束两个路径实现了影响；在创新投资产出方面，企业社会责任也是通过政府补贴、融资约束两个路径实现了影响；在创新投资绩效方面，企业社会责任通过代理成本路径实现了影响。

第五章为企业社会责任对创新投资影响的拓展分析。首先，从理论上探索了市场结构和地区市场化水平对企业社会责任与创新投资关系的调节作用，在此基础上提出研究假设。其次，针对研究假设开展研究设计，从样本的选取、变量的定义、数据的来源方面做简要介绍，利用中介效应模型开展研究。最后，选择我国A股上市公司为样本进行回归分析，以检验假设的有效性。研究表明：在高竞争行业以及市场化水平较高的地区，企业社会责任对创新投资的积极影响更为明显。

结论部分重点对本书主要内容进行总结，结合当前我国经济社会发展实践给出有针对性的建议，对研究中存在的不足及今后努力的方向做了说明。

（二）技术路线

本书的技术路线如图0.1所示。

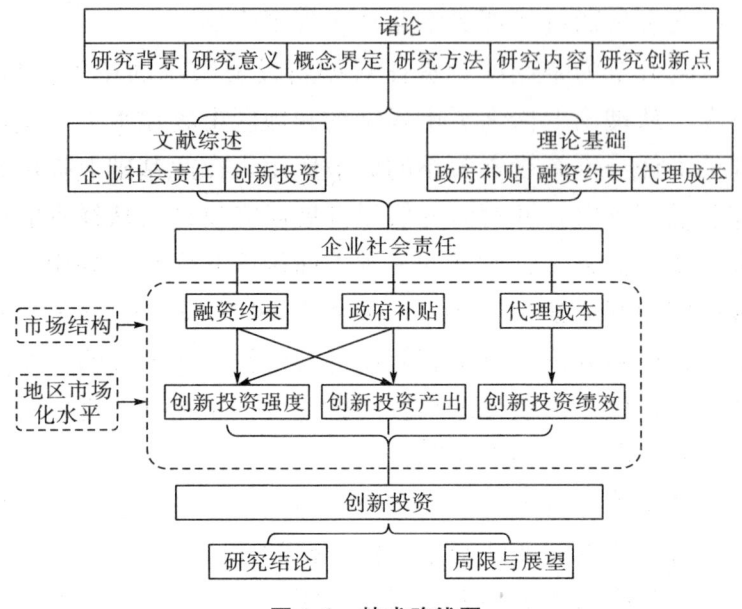

图0.1 技术路线图

六、研究创新点

首先,在研究内容上,揭示了企业社会责任对创新投资的内在作用路径。实证结果表明:企业社会责任对创新投资产生了积极影响,并且在控制了可能存在的反向因果关系和遗漏变量两种内生性问题的情况下依然成立。以往研究大都忽略了对内生性问题的关注,导致结论可靠性不足,本书对内生性问题的处理方法可以有效克服前人研究的不足,是对现有研究的有益补充。

其次,在研究方法上,按照"投入—产出—效率"的思路将创新投资活动拆分为创新投资强度、创新投资产出以及创新投资绩效三个维度,逐一分析企业社会责任对创新投资决策不同维度的影响,并且借助中介效应模型研究得出结论:企业社会责任对创新投资的影响主要是通过政府补贴、融资约束和代理成本三个路径实现的,从而全面概括了在创新投资过程中企业社会责任的影响及机制,进一步研究了外部因素对两者关系的调节作用,从而为未来的研究提供经验借鉴。

最后,在研究视角上,从企业社会责任出发,研究作为企业文化层面的因素——企业社会责任对企业创新投资的影响,拓宽了创新投资研究的边界。以往文献对创新投资的研究大都集中在公司层面的财务、产权以及治理指标,或者宏观层面的法律、金融发展等方面,鲜有关注企业社会责任的。同时,本书的研究证实了企业社会责任并不仅仅是企业外在形象和文化的体现,其本身也影响着企业的代理成本、融资约束以及政府补贴。

第一章 文献综述

考虑到后续理论和实证分析的需要,本章对本书涉及的研究对象和内容进行梳理和综述。具体而言,在第一节中,首先从创新投资的内涵入手,对已有文献中关于创新投资的论述进行了总结和归纳,力图作出较为全面的界定。其次,针对目前学术界对创新投资度量较为狭义的问题,通过对文献的收集和分析,重点围绕创新投资强度、创新投资产出和创新投资绩效三个方面对创新投资进行度量与评价,并对每一个维度选取了较为科学的代理变量进行表征。最后,由于本书的研究内容主要是企业社会责任对创新投资的影响,因此为了有效地选取控制变量以及后续实证分析的需要,进一步梳理了有关创新投资的研究文献,对创新投资的研究脉络进行了归纳。

在第二节,首先针对目前学术界对企业社会责任的内涵界定不清的问题,对国内外已有文献进行梳理,详细阐释了企业社会责任的概念范畴,明确了企业社会责任应当涵盖的若干维度,为后续指标选取提供了基础。其次,企业社会责任作为一个较为宽泛的理论概念,如何选取较为合理的度量指标对于后续研究至关重要。本书通过梳理国内外诸多文献，结合我国上市公司实际，最终选取了具有代表性且被国内学者广泛使用的指标。最后，梳理了有关企业社会责任的研究文献，特别关注了企业社会责任与创新投资关系的研究成果，以为当前研究提供较为前沿的认识和理解。

第三节分析了履行企业社会责任所带来的经济后果即投资性，从企业绩效、创新投资等维度对现有文献进行了梳理。最后是简要的文献评述。

第一节 创新投资研究综述

本节主要分为创新投资的内涵、创新投资的测度和创新投资的研究脉络三部分，对有关创新投资的国内外文献进行回顾和梳理，为后续研究提供思路。

一、创新投资的内涵

"创新"的概念最早由熊彼特在《经济发展理论》一书中提出。熊彼特认为，创新是对原有生产要素的再组合或者在原有体系基础上利用新的生产要素进行组合，以产生不同于以往生产模式的过程。弗里曼在1982年提出，创新并非简单的发明和设计革新，应当包含对发明和设计的生产和应用。世界经济合作与发展组织（OECD）于1997年提出了更为完善的定义，即"创新是利用所有可能的科学、技术、组织、财务以及社会活动等因素，创造、完善、应用新产品或者改进后的产品及服务的过程"。

在借鉴国外研究的基础上，国内学者也逐步完善了创新的定义。李传军（2003）对创新的定义较为精确，认为创新是对新想法的发展和选择并进行转化的过程，这一过程除了一系列的生产活动外，更重要的是通过创新将新的想法转化为可以实现价值的商业活动。

随着学术界对创新的研究不断推进，越来越多的文献将创新纳入投资的大框架下。在此背景下，"创新投资"的概念被正式提出，其范畴应该是从企业投资的角度出发，从全过程、多维度来理解创新。以往文献大都从创新投入的角度理解创新，认为企业的R&D支出强度代表了创新能力和创新投资过程，或是选用企业的专利数量等产出数据来度量企业的创新投资，总的来说大多数对创新投资的研究过于狭窄。近年来，学术界逐步意识到创新投资研究中的不足，开始从更为广阔的视角看待创新投资。针对文献中较多的采用R&D投入等变量来表征创新投资的问题，王昱（2015）认为R&D投入是创新投资的初始阶段，并不足以代表企业的创新能力和投资过程。创新投资应当是企业为了实现扩充以现有技术为基础的产品和服务范围而进行的一系列投资活动，包括但不限于资金投入、专利申请、商业化运作等。针对多数文献采用专利数量来表征创新投资的问题，王栋等（2016）认为专利数量在一定程度上可以反映企业的创新投资产出，但是无法有效地度量企业为创新投资所进行的投资强度，特别是在不同的行业专利申请的难易度存在很大的差距，忽略企业创新投入的资金量会产生严重的偏差。魏蒙（2017）从创新投资评估的角度出发，认为现有文献对创新投资的效果并没有进行有效的评估和测度，缺乏对创新投资绩效的考察。因此，很难从企业长期经营的角度理性地看待创新投资，也就无法对创新投资的效果进行有效评价。

从上述分析来看，学术界对创新投资的研究大都集中在投入、产出等单一角度，鲜有对创新投资的全过程进行的研究，对创新投资效果的评价更是少之又少。仅仅关注创新投资的投入量、创新投资的产出是片面的，也无法有效地进行企业间、行业间以及不同地区间的对比，得出的结论也就缺乏普适性和指导性。本书在前人研究的基础上，提出了从"投入—产出—效率"三个维度来度量创新投资，分别对应了创新投资的强度、产出和效率，力图实现对创新投资的系统化、全面化和多维度的研究。此外，企业创新还与资源组合有着较大的关系，具体来说涉及企业资金、人力、财务等，鉴于研究对象和内容的一致性，本书只关注资金方面的投入和使用。

二、创新投资的测度

正如前文所述，本书将创新投资活动拆分为创新投资强度、创新投资产出与创新投资绩效，以此来分析及评价创新投资的全过程，实现对创新投资的系统化分析。在借鉴国内外研究的基础上，对三个维度的测度方法和指标进行了梳理，为选取创新投资的变量提供依据和借鉴，也为后续的实证分析检验提供基础。

(一) 创新投资强度

创新投资强度主要是指创新投资所投入的资金量,一般而言测度投入资金量的指标分为绝对指标和相对指标两种。所谓绝对指标是指在测度创新投资强度中选取企业的研发支出资金总额作为指标。如张维迎等(2005)、Bogliacino 和 Pianta (2013) 以及李英等 (2016) 的研究。这类早期研究选取研发支出总额作为指标,往往没有考虑不同企业在规模、行业、盈利能力以及市场状况等方面的差异,导致企业之间的可比性较差,因此当前研究已经放弃使用该指标来衡量创新投资强度。所谓相对指标是指在测度创新投资强度时利用企业的研发支出与企业经营或者发展指标之比作为度量指标,经营或者发展指标主要为主营业务收入、总资产以及员工人数等。采用相对指标可以有效地规避企业个体特征产生的衡量偏误,能够很好地进行企业间创新投资强度的对比。

(二) 创新投资产出

创新投资产出主要是指创新投资的成果表现,一般而言测度创新投资产出的指标大都采用专利数量。专利是指创新投资产生的新技术、新产品向国家有关知识产权保护机构申请并获取批准的具有法律效力的特殊产权。专利获得的数量一方面直接展示了企业创新成果的认可度和数量;另一方面也意味着这些成果在未来一定年限内能够为企业带来商业价值,因此专利数据在度量创新投资产出方面有广泛的应用。专利作为度量创新投资产出的指标之一有着诸多优点，比如专利数据易于获取，目前我国知识产权总局有完整的专利数据披露；专利数据涵盖的范围较广，几乎包括绝大多数行业和产业；专利数据大都由国家机关披露，有完善的审批流程，具有较高的精确度。

创新投资产出的衡量指标还有新产品的市场占有率、新产品销售份额、技术贸易指数、技术水平、企业竞争力等。出于数据的可得性，本书选取专利数量作为创新投资产出的衡量指标。

(三) 创新投资绩效

创新投资绩效主要是指进行创新投资活动的效率表现。众所周知，创新具有长期性、高风险性，创新过程异常复杂，如何测度企业技术创新效率成为难题。一般而言，测度创新投资绩效的指标大都采用专利数量与研发支出之比。总体而言，技术创新效率评价有两个指标：一为创新产出效率，二为创新过程效率。现有研究较多地关注前者而忽略了后者。创新过程效率指标主要关注企业创新活动的管理能力，能更好地表征企业潜在的、未来的技术创新水平。技术创新效率评价应该更多地关注创新过程的效率。然而目前学术界并没有一个较为完善的创新投资绩效度量标准，因此借鉴以往文献，本书选用专利数量与研发支出之比作为创新投资绩效的测度指标（王国顺，杨昆，2011；陶锋，2011）。

三、创新投资的研究脉络

技术创新对企业的生存发展、获取竞争优势有着至关重要的作用（Eisdorfer and Hsu，2011；Porter，1992），与企业的价值和股票回报率有着较强的正相关性（Hall et al.，2005；Rossi，2006）。尽管创新对企业和社会而言至关重要，但学术界对于驱动创新的关键因素还知之甚少。是什么因素促使公司开展创新活动？以熊彼特（Schumpeter）为代表的传统经济学者认为，企业创新与市场结构有着千丝万缕的联系。熊彼特（1934）将企业的创新行为归因于企业家精神所推动的"创造性破坏"，他认为新兴的小企业能够有效避免大型组织内部的惰性，低成本地采用新型的先进技术，催生新的企业。此后，熊彼特（1942）在进一步研究的基础上提出了"创造性积累"理论，认为在市场中有垄断地位的大型公司借助其拥有的充裕的资本、先进的设备和丰富的人才进行创新活动，并独占创新成果。"创造性毁灭"与"创造性积累"在竞争与创新的关系上存在着截然对立的观点，前者认为竞争有利于刺激创新的出现，后者则强调垄断在企业创新过程中的重要作用。这两种观点统称为"Schumpeter Market"。本书将以这两种观点为基础，剖析市场结构与创新之间的关系。正如 Aghion（2005）所指出的，针对熊彼特的创新理论、采用跨行业数据的实证研究往往忽略了内生性问题，即很大程度上行业的市场结构是创新的结果。

20 世纪 70 年代，随着博弈论在经济学领域的应用，学者们通过考察市场中在位者与潜在进入者之间的博弈模型，得出一系列研究市场结构与创新之关系的成果。这些研究成果大致分为两类模型，即拍卖模型（Gilbert and Newbery，1982）和专利竞赛模型（Loury，1979；Dasgupta and Stiglitz，1980；Reinganum，1983）。在拍卖模型中，研发竞争被视为获取专利的一次性投标过程，由于在位企业有优先购买的动机，因此其往往会比潜在进入企业出更高的报价。在专利竞赛模型中，由于该种博弈为"赢家通吃"的结果，这就意味着在位企业没有足够的激励进行更高的报价，因为存在着创新收入可能无法弥补原有技术生产带来的损失的可能性，即存在新技术对原有技术的替代效应（Arrow，1962）。因此，博弈论分析工具的引入依然没有解决创新与市场结构之间的分歧。Sutton（1991，1996，1998）提出了更加综合的观点，试图解决创新与市场结构的研究分歧，建立了统一的博弈论分析框架，认为不同的博弈结果是不同的行业背景所导致的，创新与市场之间的关系取决于企业选择的技术路线和研发投资在不同技术路线下的生产率。这种行业中不同技术路线导致不同的竞争模式的观点也被用来解释竞争的市场和市场的竞争之间的区别（Evans and Schmalensee，2002；Ahn，2002；Nalerba，2005）。

这种在理论和经验研究中模棱两可的结论使得学者们怀疑把复杂的创新活动简单归结为多人参与的市场博弈行为是否充分。这种怀疑促使研究者关注企业内部，特别是企业的结构，从而开辟了对企业创新行为的新的研究路径。这种新的研究路径的关注点主要包括两种：其一是关注企业组织结构的企业进化理论，其二是关注管理层策略的公司治理理论。关注企业组织结构的企业进化理论的研究文献其着眼点较为集中（Nelson and Winter，1982；Dosi et al.，1988；Nelson，1991；Teece and Pisano，1994，Teece et al.，1997），关注管理层策略的公司治理理论的研究文献其着眼点较为宽泛，涉及公司治理的多个因素，包括所有权结构、管理层行为、融资决策以及人力资本等（Lacetera，2001；Casper and Matraves，2003；Michie and Sheehan，2003；Shipton et al.，2005；Lerner et al.，2008；Aghion et al.，2009；Sapra et al.，2009；Ughetto，2010）。

学者们考虑到公司治理研究的异质性，针对其与企业创新的研究涉及公司的众多维度，提供了一系列的研究工具来分析单个公司的创新活动，有效地解决了前述市场结构理论无法回答是什么因素影响企业创新的问题，并证实了公司治理结构的差异对企业的创新行为会产生不同的影响。这方面的研究文献最早可以追溯至Coase（1937）提出的重要观点：企业并非一个黑箱，而是一个将资本和人力汇集起来投入生产的机构，它是对市场的一种替代机制。按照这种观点，公司治理应当成为分析企业创新行为的核心，因为公司治理直接决定了对人力和资本投入的方式以及路径，进而对公司的投资决策产生影响。

创新活动本身具有高风险，其在增加企业价值的同时，会对管理层的收益和声誉带来很大的风险。Jensen

（1986）通过对石油行业的研究发现，CEO通常会选择能够强化其在公司地位和控制力的次优项目，尽管被替代的项目更能够增加公司价值。Poterba 和 Summers（1995）认为，美国上市公司的 CEO 普遍存在着短视效应，往往不会从事能够长期提升公司价值的投资。当然，这一过程并不一定为股东所观察到，为此股东与管理层之间建立了合同关系，试图对管理层进行考核和监督；然而，并不存在完美的合同能够对所有未发生的治理问题和管理层行为进行预测并作出相应的规定。正如 Hart（1995）所说，正是利益分歧与完美合约的不存在性才构成了公司治理的基本逻辑。

Gomper，Ishii 和 Metric（2003）发现，经验研究的结论支持了公司治理对企业资本支出的影响，认为 CEO 有动机提升个人业务消费的支出，而非提升公司的市场价值，越是有权利的 CEO，其个人业务消费的支出水平就越高。尽管公司治理是企业资本支持的重要组成部分，然而早期学者并没有重视其与技术创新活动（研发支出）的关系。Muelbroek 等（1990）和 Mahoney 等（1997）检验了反辞退条款对长期投资的关系，发现设立了反辞退条款的公司其研发费用支出相较于营业收入大都存在着较大幅度的下降，这说明了变得更加强势和保守的 CEO 倾向于将个人利益置于股东利益之上。Rafferty 和 O'Connor（2011）通过 Tobin－Q 投资模型估计了公司治理与技术创新水平的关系，发现较弱的公司治理结构减少了企业的创新活动，但是在控制住一些未知变量和使用工具变量后这种关系变得不再显著。

尽管这方面的研究取得了进展，但是尚未形成统一的逻辑框架。在对该领域研究文献进行归集前有必要对公司治理和企业创新的定义进行说明，创新是企业的自发行为，而公司治理则是为实现管理层与其他股东或者公司利益相关者利益一致性的一系列合同的合集（Armstrong, Guay and Mehran, 2015），这些合同既包括正式合同（如薪资合约等），也包括非正式合同，既有企业内部的合约关系（如企业的所有权结构），也有外部的合约关系（如公司控制权的转移）。

目前，在公司治理与技术创新关系的研究方面尚缺乏较为一致的分析框架，因此相关研究涉及的角度和观点都比较分散。尽管如此，依然可以将此类型的研究大致分为三个主要路径：一是关注公司的控制权和剩余索取权的分配问题，其实质就是公司的所有权结构，研究这些权利的分配如何影响公司的决策以及资源的配置，进而影响对技术创新活动的激励（Lacetera, 2001；Miozzo and Dewick, 2002；Aghion et al., 2009）。二是公司融资与技术创新的关系，不同的融资方式和工具对企业的生产决策会产生不同的影响，即融资会影响企业对投资方式的选择（Lazonick, 2007；Lerner et al., 2008；Sapra et al., 2009；Ughetto, 2010）。三是关注企业的人力资本，尽管这方面的内容并不是传统公司治理文献关注的焦点（Blair, 1999），但在知识密集型行业中人力资本同金融资本一样重要，人力资本为技术创新提供了可能（Michie and Sheehan,2003;Laursen and Foss,2003;Shipton et al.,2005)。此外,一些研究还表明在国家制度环境的影响下,企业可能形成相互依赖的公司治理结构,进而产生具有国家特色的不同技术创新路径(Hall and Soskice,2001;Casper and Matraves,2003)。

第二节 企业社会责任研究综述

一、企业社会责任的内涵

在过去的二十年里,学术界和企业界见证了企业社会责任活动从无人问津到被广泛接受并积极履行的过程。在国内,近十年间企业社会责任得到了政府、公众、投资者以及管理层的关注,并且成为众多上市公司企业战略的重要组成部分。一些全球性的组织如联合国、世界银行、经济合作与发展组织以及国际劳工组织等纷纷提倡企业承担社会责任,同时发布了一系列有关企业社会责任的指引和协议,极大地推动了理论界和实务界对企业社会责任的研究和关注。90%以上的全球财富五百强企业将企业社会责任作为其组织目标的重要因素,并发布年度企业社会责任报告。

企业社会责任是指企业不仅应承担天然的和法定的责任,比如创造利润、回报股东、保障员工权益,还要承担对顾客、社会、环境的责任,而这一责任往往是自愿和自发的。Schmitz 和 Schrader(2015)将企业社会责任概括为"企业自愿承担的非法律要求的、以非盈利为目标的活动"。企业社会责任要求企业在其经营发展中应当超脱于利润最大化的范畴，综合考虑多方面利益相关者的诉求，来实现其社会责任承担者的角色，特别是应当更多地关注环境保护、员工关爱、公益活动以及声誉维护等方面的表现，而非仅仅为了实现股东利益的最大化。

在国内外研究企业社会责任的文献中，通常都选择以利益相关者理论为基础来理解企业社会责任的内涵。利益相关者理论最早是由 Merrick Dodd 于 1932 年提出的，其认为企业的目的是实现股东利益的最大化，但在这一过程中应当兼顾企业相关利益者的诉求并努力提升其福利水平。这些利益者包括但不限于员工、供应商、政府、公众等，企业应当努力提升员工的幸福感、为公众提供可靠的商品服务、建立更为稳定的供应商关系以及积极参与提高社会福利水平的活动等。Freeman（1984）将利益相关者定义为"对企业实现其利润目标或者战略目标过程中产生重要影响的全部个体或者组织"，并且进一步将利益相关者分为三大类：所有权利益相关者（如董事会成员、经理人等），经济依赖利益相关者（如供应商、消费者、债权债务人等），社会利益相关者（政府机构、媒体部门等）。从 Freeman 的定义来看，利益相关者存在的前提是与企业利润或者战略目标的连接性。也就是说，建立在利益相关者理论基础上的企业社会责任与企业的经营和战略目标有着天然的连接性，而非完全脱离于企业的经营或者利润目标。Clarkson（1995）则认为，利益相关者是在企业经营过程中承担了一定的责任和风险的个体或者组织,其在企业的经营或者战略目标实现中投入了某种意义上的资产,并与企业建立了一定的利益共同体关系。因此,企业为了有效实现经营或者战略目标,必须关注和满足不同利益相关者的诉求,而非仅仅考虑诸如股东这类直接利益关系群体。

从企业社会责任涵盖的内容来看,学术界尚未形成较为一致的看法,特别是对企业社会责任内容是否应该涵盖强制性责任这一问题,学者们有着截然相反的看法。一些研究认为,企业社会责任本身代表着企业对其利益相关者应承担的具有约束性和关联性的义务,包含法律或者其他规章所规定的强制性责任。如 Carroll(1979)、Jamali(2007)以及 Schwartz 和 Carroll(2003)等。另一些研究则主张企业社会责任更应该强调自愿性,主动承担超出法律或者规章规定的社会责任才能体现企业的良知和担当,因此企业社会责任应当只涵盖自愿性内容。如 Manne 和 Wallich(1972)、Dahlsrud(2008)、李国平和韦晓茜(2014)等。

正是这种分歧导致了在企业社会责任内容的界定上出现了不同的观点。Pava 和 Krausz(1996)认为,企业社会责任是一个较为宽泛的概念,其内容很难较为精确地界定,因此其提出了列举法,即只要涉及利益相关者能够展现企业责任担当的活动都应当纳入企业社会责任的内容。美国经济开发委员会(CED)在 1971 年提出"同心圆模型",认为企业社会责任应当由三个圈层的同心圆构成:

最内层是企业最基本的责任，即以股东利益最大化为原则的经济责任；中间层是法律层，即为由法律或者法规规定的具有强制性的责任；最外层则为企业自愿性的为增进社会福利或者改善利益相关者诉求而担负的责任。Carroll（1979）则从更为广阔的视角概括了企业社会责任的内容，认为企业社会责任不单单展示了企业的良知和担当，更是企业文化的重要载体和工具，因此其将企业社会责任的内容从经济、法律、伦理和自愿活动四个维度进行了界定。此后，Carroll（1991）又对上述理论进行了扩充，建立了自下而上的经济责任、法律责任、道德责任以及慈善责任的四层金字塔模型。其后的学者对四层金字塔模型进行了调整和改进，Schwartz 和 Carroll（2003）对模型的各层次进行了重新分类和界定，提出了相互交叉模型。Jamali（2007）和 Dahlsrud（2008）则进一步丰富了四层金字塔模型，提出了涵盖环境、社会、经济、利益相关者和自愿行为的五维模型。

总之，目前学术界对企业社会责任的界定尚未明晰，存在着很大的不一致性。在企业社会责任内容上也有着明显的多样化观点。之所以出现如此多的差异性，主要是因为企业社会责任的内涵随着时间、地区、文化的变化而不断演化。但在当前法治环境普遍淡薄的情况下，企业社会责任的内容应当更加全面化，即同时包括强制性和自愿性的规定（李国平，韦晓茜，2014）。

基于以上分析，本书采用四层次型企业社会责任定义，认为企业社会责任是指企业出于其利益相关者诉求的考量，持之以恒地用合宜的行为在促进员工发展、家庭和谐、社区稳定和属地经济社会繁荣的同时，实现属地经济发展、人民生活水平提高与劳资关系融洽、环境保护等民生工程同步发展。

二、企业社会责任的测度

由于社会责任内涵的模糊性和内容的宽泛性，学术界对于企业社会责任的测度问题仍存在着较大的分歧。Zenisek（1970）认为，不同行业、地区的企业所涉及的利益相关者存在着很大的差别，因此在测度企业社会责任的履行情况上，不同的企业很难有一个通用的、普适的方法。针对如何测度的难题，学术界也提出了不同的方法。

一是声誉指数法。针对企业社会责任度量困难的问题，Moskowitz（1972）提出了声誉指数度量方法。其后的学者开始使用并不断修正声誉指数方法，使其得到了逐步的推广和应用（Shane and Spicer，1983）。声誉指数法综合了企业有关社会责任的多方面内容，由于数据易获取、连续性强等优点，在国内外的研究中得到了广泛的引用。当然，声誉指数也存在着固有的缺陷，如较强的主观性，大多数声誉指数的构建都是由第三方机构进行的，必然会导致不同的机构在指数构建上存在着一定的差距；样本量少，能够获得第三方机构认可或者关注的公司数量本来就很少，不同衡量维度数据的完整性也很难满足，因此必然导致数据样本量少的问题；地域的异质性，如前所述，企业社会责任是文化的载体之一，不同地区社会责任承担的重点不尽相同，在此基础上构建的声誉指数必然存在地域异质性。

二是内容分析法。Bowman 和 Haire 于 1975 年提出了用内容分析法来度量企业的社会责任水平。具体而言，参与内容分析的主要有企业财务报告、环境保护报告、社会责任实践报告以及其他相关信息。尽管该方法的大多数指标和数据来自企业的报告，能够很好地克服主观性的问题，但仍然存在着诸多缺陷。首先，企业本身披露的数据的真实性和公正性是存疑的、有偏的，在此基础上得出的内容分析结论也无法做到公允。研究证实，企业各类报告的披露与其实际表现存在着较大的差异（Freedman and Wasly，1990）。其次，企业在各类报告中披露的信息并不全面，有些报告本身并没有很强的连续性，甚至有些企业会选择性地披露自己表现良好的内容。最后，内容分析的核心是多维度的，不同维度的指标间很难进行合理的度量和赋值。

三是问卷调查法。Carroll（1979）针对企业社会责任的内容提出了四维度模型，Aupperle 等（1985）则在此基础上进行了优化处理，设计了问卷调查法。问卷调查法以四维度的模型为基础，针对每一个维度提出了若干问题，并请公众对企业各维度的表现进行打分汇总。但问卷调查法存在着较为严重的缺陷，受到众多学者的批评。首先，问卷调查法存在很大的主观性，包括问卷设计的主观性和公众打分的主观性，公众对企业的表现很难做到公正评价，且这种主观性难以克服。其次，问卷调查法需要耗费大量的成本，问卷需要针对不同企业进行不同的设计，调查的开展也需要成本支出。最后，企业间问卷调查结果的可比性较差。

目前，学术界主要存在以上三种企业社会责任度量方法，尚无一个公认的、系统的度量方法。因此，在选择企业社会责任度量指标上应当综合考虑企业所处国家的情况。目前而言，在国内外主流的研究文献中，采用的较多的是声誉指数法。

声誉指数的实质是由第三方评级机构进行评价的方法。例如，KLD指数是以社会或者环境为主题设计的责任评分机制，TRI指数反映了企业对有毒物排放的严重程度，润灵环球责任评级RKS指数更多地针对A股上市公司。从国内的A股市场来看，企业社会责任评分指数是润灵环球责任评级RKS指数与和讯网的社会责任评分，前者包含了现金股利、雇员满意度、反贿赂、产品质量、客户满意度、环保和碳排放、公益捐赠、纳税、信息披露等多维度的内容，后者涵盖维度低于前者。结合本书对企业社会责任内涵和内容的界定来看，润灵环球责任评级RKS指数要优于和讯网的社会责任评分，二者数据有着很大的关联性，因此在实证研究部分本书选择了润灵环球责任评级RKS指数作为企业社会责任的度量指标。从总体上看，润灵环球责任评级RKS指数是目前最适合国内A股市场研究的指标来源，也是国内研究中应用最广泛的（曹亚勇等，2012；刘计含，王建琼，2012、2016）。

三、企业社会责任的研究脉络

基于上述分析可以看出，目前针对企业社会责任内涵及相关内容的讨论主要聚焦在企业社会责任是自愿性还是强制性的问题上。事实上，传统的经济学理论认为企业存在的目的在于"利润最大化"，而企业社会责任在短期效应上来看似乎违背了这一点。也就是说，自愿性的企业社会责任主体应该具有关注社会福利的偏好；相反，强制性的企业社会责任主体则更多地关注自身利益。为此，本小节从企业社会责任主体是否有社会福利偏好的视角对企业社会责任相关文献资料进行梳理分析，以便对企业社会责任研究进程有更清晰的了解。

（一）无社会福利偏好的企业社会责任研究

根据传统经济学理论，无论是股东还是企业都是利己的，以"利润或者效用最大化"为导向，并不具有社会福利偏好。在这一前提下，企业依然积极承担社会责任是基于以下几个方面的原因：一是积极承担社会责任能够有效获得消费者的关注，提升企业在消费者心目中可信赖的形象；二是良好的企业社会责任也是一种信号，即表明企业产品或者服务质量优异；三是企业社会责任的承担可以规避或者弱化政府监管部门对企业的监管关注度。

1. 企业社会责任可以作为良好的信号机制

信息搜寻模型认为，消费者对市场很难有较为广阔的视角，消费者可能会付出成本来搜寻市场中的生产者信息，也可能会被动地接收生产者释放的信息。Goyal (2006) 的研究表明，在较为广阔且有众多生产者的市场中，企业社会责任可以作为很重要的信息发送机制，向消费者传递良好产品的信号，这一点在发展中国家尤为突出。

信号传递模型认为合约双方之间存在着严重的信息不对称问题，并没有共享相同的信息，在这种情况下需要特定的机制或指标起到信号作用来识别潜在的契约方 (Spence，1973)。例如，在产品交易中，产品的生产者相较于消费者而言对产品的质量有着信息优势 (Akerlof, 1970)。Jones 和 Murrel (2001) 的研究表明，企业社会责任可以作为信号机制向信息不足的投资者释放企业经营良好、信用极佳的信号，从而更有可能获得投资者的资金支持。投资者在投资的过程中要确保未来本金的回收或者股利的支付，就必须利用一切可能的信息了解公司，而财务信息并不足以支持这种高强度的信息需求。在投资者眼中，只有未来经营能力良好的企业才会放弃当前低收益的项目，将资金用于像企业社会责任活动这类在一个较短时间内难以获得回报的项目。所以，企业社会责任的履行对外释放了企业未来经营良好、业绩持续提升的信号。

企业社会责任水平这个信号机制将企业分为未来经营良好的好公司和未来经营较差的坏公司两种。Fisman 等 (2006) 认为，企业社会责任水平也是企业产品或者服务质量的重要信号机制，可以将企业分为关注社会福利和不关注社会福利的两类公司。关注社会福利的公司往往会更加关注环境保护、员工福利等问题,也会更加重视产品质量,因此可以提供质量更好的产品或者服务。此外,Fisman等(2006)认为,具有良好产品质量的企业也乐于通过参与社会责任活动对外释放积极的信号,其研究进一步表明在信息不对称越严重的行业,企业进行社会责任活动的投入越大。

2. 企业社会责任是建立与政府关系的纽带

已有研究表明,即使在自由竞争的市场经济中,也存在着较为严格的政府监管和治理,这种监管很大程度上会限制企业的盈利能力(Stigler,2003)。Maxwell等(2000)的研究表明,企业在环境保护方面所做的努力会显著降低政府对其监管的强度:一方面,企业进行环境保护等类似的社会责任活动能够提高利益相关者的信任度和好感度,从而降低政府监管力度的外部压力;另一方面,企业通过积极履行环境保护等社会活动,起到了类似于游说的作用,能够主动干预政府的监管力度。在发展中国家,其法律制度并不健全、政府角色定位不清晰,引发了较为混乱的政商关系,政府对经济的干预程度较高,因此维持良好的政商关系对企业的经营和发展至关重要。国内较多的研究表明,企业通过公益捐助、救灾抢险等公益活动能够提升其与地方政府的关系密切度,进而获得一定的政府补贴、税收减免等。张晓盈和杨榛(2017)利用2008—2015年上市公司企业慈善捐赠的数据,对企业履行社会责任活动及获取政府补贴的关系进行分析,表明二者间表现为显著正相关性。

（二）有社会福利偏好的企业社会责任研究

利益相关者理论的提出让企业社会责任动机不再局限于传统经济学"股东至上""利润最大化"等观点，该理论将企业理解为是以社会共同体为基础而构建的一种契约关系，其在对股东负责的同时还应对其他利益相关者负责，例如企业供应商、消费者及员工、所在社区等。Sheldon（1924）最初提到"企业社会责任"时，也指出股东利益最大化不应该成为企业发展的唯一目的，而是要将包括股东在内的其他利益相关者的利益实现最大化，因此，利益相关者理论要求企业在"一个能创造、维持和增强具有价值创造能力且相互作用、彼此影响的利益相关者网络"中获得生存发展。任何一家有责任心的企业在发展中都不应只将股东利益最大化放在首位，而是要注重对多方利益的平衡。社会契约理论通常被认为是随着利益相关者理论的发展而出现的，该理论认为企业与社会具有某种契约关系，基于该契约关系各方的权利责任才得以明确。社会契约是个动态变化的概念，其内涵随着社会的发展而不断变化，并将企业的本质理解为"一种对专业化投资进行治理的制度安排"（Donaldson and Dunfee，2005）。在社会契约理论的指导下，一些学者发现部分非经济因素对企业社会责任具有一定的驱动作用，也就是说企业社会责任同时受到内部技术环境及制度环境等因素的共同影响，而制度环境在这个过程中发挥着更为关键的作用。制度环境在对企业行为进行影响时主要是通过规制合法性、规范合法性和认知合法性来实现的。这里所说的规制合法性主要是指来源于政府机构制定的相关法律法规及行业标准规范等；规范合法性更多地强调以道德及价值观为基础的合法性；认知合法性主要强调组织开展活动和"普遍接受"规则间的重合度。Barney和Hansen（1994）在研究中提到，企业价值观与社会伦理相一致是企业承担社会责任的主要原因，并不只是为了获得经济报酬，通过这种行为可以进一步增强相关利益者对企业的信任感，该信任感可以为企业带来更多的合作机会，同时还可以使合作风险得到降低。

　　DenHond和DeBakker（2007）在研究中以"企业合法性诉求"为切入点，从时间维度对企业社会责任外部制度力量进行分析，结果表明制度压力主要通过"道德合法性"和"道德与实用合法性"等方式给企业社会行动战略带来影响，所以，他们认为社会责任的履行是企业发展的有力保障与依据。Wang和Juslin（2009）在研究中指出，社会制度环境带来的压力是驱动企业承担社会责任的重要因素，这里所说的制度环境既涉及社会环境、政治和法律环境相关的压力，也涉及来自市场及利益相关者等的压力，同时还涉及制度环境中的象征系统、道德模板和认知模式等对企业社会责任的形成及履行的影响。Baden、Harwood等人（2009）在研究中选取英国103个中小企业主及经理作为样本，对中小企业社会责任态度及相关行为进行分析，发现社会及环境诉求是这些人员承担社会责任的主要动机。由此可见，该视角下的企业发展开始关注外部环境因素对企业社会责任行为的影响,这使得传统经济理论模式下的市场失灵现象得到了一定的改善。

第三节 企业履行社会责任的经济后果

一、企业社会责任与财务绩效

(一)研究脉络

传统经济学理论认为,企业的唯一责任是提升股东利益(Friedman,1970)。但是,企业在追求利润最大化的过程中不应该对其他社会主体产生负面影响,而应当在肩负起必要的社会责任的基础上追求其经济目标(Cran et al.,2008)。利益相关者理论认为,企业与其利益相关者之间的关系越好,其在未来的发展就越好(Barnett and Salomon,2012)。该理论的观点是:虽然每种利益相关者都可以直接影响到企业的经营管理,如员工、消费者、供应商以及投资者等经济参与者能够对企业的经营产生直接的影响,而社会公众、媒体以及非政府组织等则会通过信息传递对企业经营产生间接影响(Delmas and Toffel,2008),这种影响的机制并不相同。无论直接影响还是间接影响,利益相关者对企业的不满都可能导致企业经营受损,甚至出现破产风险。事实上,很多文献认为企业社会责任的履行是企业的道德底线和提升股东价值的先决条件(Epstein and Rejc-Buhovaac,2004)。

关于企业社会责任与财务绩效关系的争论从Alexander和Buchholz（1978）就已经开始。经验研究的结论也存在着分歧，一些文献认为二者之间呈正相关性，一些文献则认为呈负相关性，还有一些文献发现企业社会责任与财务绩效之间呈U型关系，之所以产生较大的差异是由于对社会责任和财务绩效的定义和度量不同。财务绩效的度量一般选取利润率指标，这一指标较为容易获取。但对企业社会责任的度量并未达成一致，一方面学术界对于企业社会责任的定义没有公认的一致性的意见（Dahlsrud，2008）；另一方面测度企业社会责任本身就是一个挑战，因为企业社会责任涵盖的内容有很多非财务因素，也缺乏公允的标准（Tschopp and Nastanski，2014）。尽管有关企业社会责任的研究已经持续了相当长的时间，但对其具体的内涵、包含的维度以及测度的标准还缺乏统一的说法（Cran et al.，2008）。Dahlsrud（2008）梳理以往研究发现，对企业社会责任的定义有不同的说法，每种说法都会产生相应的对企业社会责任概念的认识。

目前，国际上较为认可的企业社会责任的概念是由欧盟委员会提出的，认为企业社会责任是企业承担的有助于社会和环境的、法律规定或者规定外的非营利活动。虽然每位研究人员对企业社会责任概念都有与之对应的认识，但大多数学者认为企业社会责任应当关注多个利益相关者的福利提升，而非只关注股东财富的最大化（Becchetti and Trovato，2011）。利益相关者是指承受企业行为带来的有利或者有害后果的个体或组织，因此利益相关者涵盖的范围远大于股东。此外，学者们还普遍认为企业社会责任涵盖的范围应当但不仅仅包括经济利益、环境保护以及社会公益等领域（Skare and Golja，2012；Epstein and Rejc-Buhovaac，2014）。

企业履行社会责任活动是出于多方面的原因，如纯粹的公益捐赠、外部政府、公众压力以及对企业声誉的考量（Lee and Shin，2010）。Barnett 和 Salomon（2006）总结了企业履行社会责任的主要原因：一是更容易吸引和获取资源，二是能够吸引和挽留更高素质的员工，三是更易于推广自身的产品和服务，四是可以建立更为良好和正面的企业形象和声誉，五是可以有效降低企业的风险。此外，从国家或地区层面来说，Skare 和 Golja（2014）的研究表明，企业担负了较多社会责任的国家或地区往往有更高的经济增长。

（二）主要研究成果

企业社会责任对企业表现（特别是财务业绩）的影响是公司治理领域的一大研究课题。一种观点认为，履行企业社会责任是需要付出极大成本的，例如投入污染减排、员工福利以及公益捐赠，这些活动的开展会损害企业的盈利能力，降低企业的竞争力（Alexander and Buchholz，1978）。另一种观点从利益相关者理论出发，认为任何对利益相关者诉求的无视和忽略都可能导致企业经济利益受损，甚至经营失败（Clarkson，1995），因此企业社会责任是企业经营的底线和盈利的先决条件。该理论认为，管理层应当充分考虑所有利益相关者的诉求，而非只关注股东利益（Ruf et al.，2001）。如果管理层能够处理好与不同利益相关者之间的关系，不但会提升利益相关者的福利水平，而且会提高企业的财务业绩（Aver and Cadez，2009）。例如，企业提升员工的福利水平会激发员工的积极性和主动性，从而提升其工作表现；企业关注消费者诉求，能够争取其再次购买产品并提升企业口碑；企业与供应商建立良好的关系，能够获得商业折扣等。

对于企业社会责任与财务业绩关系的研究，不同学者在结论方面各不相同。为了对二者的关系有更加清晰的认识，本书对相关的研究文献进行了梳理。

第一种观点认为企业社会责任与财务绩效之间呈正相关性，这就充分显示出企业社会责任的履行可以进一步增强企业的盈利水平。此外，其对财务绩效的积极影响也显示出企业履行社会责任对股东的价值有很大的帮助（Moser and Martin，2012）。

第二种观点则认为二者之间具有显著负相关性。履行企业社会责任会进一步加大企业资金投入，进而给企业盈利能力造成严重影响。按照Friedman的观点，企业践行利润最大化的行为本身就是履行社会责任的过程，过度履行诸如社会捐赠、环境保护等公益性活动反而会损害企业的竞争优势。然而，大多数管理层认为，即使履行企业社会责任会对股东利益产生损害，但作为一个社会责任主体应当承担起自身相应的市民责任（Moser and Martin，2012）。此外，作为有社会道德感的股东本身也会要求企业管理层积极履行社会责任,即使会带来企业财务业绩的损失(Mackey et al.,2007)。

关于企业社会责任与财务绩效关系的第三种观点认为:二者之间并没有呈现出系统的相关性。Surroca等(2010)将此类观点进行了总结,认为二者之间之所以不存在系统的相关性是基于以下几方面原因:一是对企业社会责任的内涵缺乏足够的理论支撑(Ruf et al.,2001),以致很难对企业社会责任形成统一的框架和概念,难以考察和检验二者的关系。二是在实证检验方面,模型构建缺乏相关变量,也很难断定二者的因果关系(Surroca et al.,2010)。尽管有文献验证了企业社会责任与财务业绩的正相关性,并没有确定二者之间的因果关系。三是对企业社会责任的度量问题尚无统一的指标,样本选取上也受到限制(Beurden and Gossling,2008)。

在国内的研究中,对于二者的关系也尚无一致性的结论。温素彬和方苑(2008)采用利益相关者理论,通过构建企业社会责任模型,分析了企业社会责任对上市公司经营业绩的影响,认为短期而言,企业社会责任对增强企业盈利能力的影响并不显著;长期而言,二者之间保持了正相关性。田虹(2009)基于对我国通信行业的实证研究,分析了企业社会责任对财务绩效的影响,发现企业社会责任与企业的盈利能力、成长性以及竞争能力呈正向影响关系,且这种正向影响关系在其后三期内仍然存在,说明企业社会责任对企业的财务绩效有显著的长期提升效应。张兆国等(2013)进一步利用系统GMM方法,借助

2007—2011年的数据,考察了二者之间的关系,发现二者呈相互影响的关系。朱金凤和杨鹏鹏(2009)从政府、债权人、员工、供应商以及公益事业等多个维度考察了二者的关系,发现企业与政府和债权人之间建立良好的关系有助于提升盈利能力,而履行与员工、供应商和社会公益之间的责任则与企业资产回报率呈负向关系。从总体上来说,我国学者对企业社会责任与财务绩效的研究大都表明二者之间更多地呈正相关性。

二、企业社会责任与创新投资

(一)研究脉络

越来越多的公司开始关注企业社会责任活动对公司价值的影响,这也被看作上市公司管理模式的转变(Porter and Kramer,2011)。Fatemi和Fooladi(2013)则进一步认为,没有充分考量所有利益相关者诉求的公司正经历着公司价值的不断侵蚀。对企业社会责任与创新投资之间的研究在近年来才受到学者的关注,Rexhepi等(2013)被认为是这一主题研究的先驱。事实上,创新是理解企业社会责任与公司业绩表现的关键点(Visser,2010),Nidumolu等(2009)指出企业社会责任是创新投资的推动力之一。欧盟委员会(European Commission)在《企业社会责任——欧盟2011—2014年持续性策略报告》中指出,企业社会责任会通过刺激创新投资来增强企业的持续发展和竞争能力,其调查数据显示在企业社会责任方面表现良好的公司更具有创新力。Rexhepi 等（2013）进一步指出，社会责任活动和创新投资已经成为商业能力的表现核心。

尽管近年来受到了学术界的不断关注，但对企业社会责任与创新投资之间的关系以及二者关系产生的内在机制的研究仍然相当薄弱，更多的研究集中在环境保护强制性条例对创新投资的影响，而对企业社会责任（涵盖了环境保护相关的内容）对创新投资影响的研究成果并不多（Laockett and Moon，2006；Wayne，2006）。Wagner（2010）认为，从理论角度来看企业社会责任与创新投资之间确实存在着一定的关联性，但大多数研究只关注了二者之间的单向联系而没有意识到可能存在的双向联系；同时，MacGregor 和 Fontrodona（2008）指出，在企业逐步走向成熟的过程中，企业社会责任与创新投资之间存在着一定的趋同性，二者都反映了企业的管理者风格或者企业文化。随着对企业社会责任研究的不断推进，其定义也越来越多样化，进一步导致企业社会责任与创新投资之间的关系变得扑朔迷离。

（二）主要研究成果

企业经营处在一个高度变化的环境中，迫使企业不断地寻找新的途径来保持和获取持续的竞争优势（Gunday et al.，2011）。有鉴于此，众多企业将创新投资作为重要的战略之一。研究显示，企业社会责任会对企业的业绩表现产生积极的影响（Lou and Bhattacharaya，2006），因此，对企业而言，业绩表现和企业社会责任之间存在着一定的协同效应。

创新投资是企业将新的、有意义的想法付诸商业实践的过程（Szutowski，2016），是决定未来企业发展方向的公司战略组成部分（Siguaw et al.，2009）。同时，创新对提升企业市场价值有着非常重要的意义（Rubera and Kirca，2012）。欧盟委员会在2011年发布的报告中将企业社会责任定义为"企业为了最大化实现所有者或者其他利益相关者诉求而承担的对社会主体产生影响的义务"。由此可见，追求利益的最大化是创新与企业社会责任之间建立联系的关键所在。

目前，学术界对二者关系的研究大致分为两类。

1. 企业社会责任阻碍创新投资：挤占效应

主张挤占效应的学者其理论基础大都是资源基础学说和代理理论。资源基础学说认为，企业作为资源的使用者本身并不能生产资源，而是扮演着资源找寻者的角色。企业面临着资源不足的情况，这些资源包括人力、管理、信息、资金等，资源具有不可替代性、紧缺性和稀有性。这些资源对企业的发展和持久竞争力的形成有着重要的作用。此外，除了一般意义上的资源外，对于企业发展更为重要的是社会资本，它对于推动企业发展和获取其他形式的资源有着重要意义（Putnam，2010）。

根据资源基础理论，企业在面临发展困境时，进行有效的创新投资能够增强企业价值，为企业带来较为持久的竞争力。同时，创新还有助于企业确立市场主体地位，获取高额的技术红利（Baregheh et al., 2009）。为了在竞争中生存和发展，企业必须建立起竞争优势地位或者获取独占性资源（沈坤荣，孙文杰，2009）。这种竞争优势地位的建立和独占性资源的获取并非仅仅通过创新投资的渠道，还可以通过公益捐赠、慈善救助等社会责任活动与政府之间建立较为密切的关系，从政府获取具有独占性的资源和好处（朱乃平等，2014）；企业也可以通过积极参与社会责任活动在消费者心中树立良好的品牌形象，进而提升产品的竞争力和定价能力，从而获得类似于创新投资所取得的利润（Lev et al., 2010）。从这个意义上讲，社会责任的承担会对创新投资的积极性起到抑制作用，降低企业的创新投资强度和产出。此外，还有观点认为在企业可获取的资源确定的情况下，承担过多的社会责任会对创新投资产生资源侵占的后果，降低企业的创新投资积极性。

根据代理理论的观点，现代公司制度中最重要的特点就是所有权与经营权的分离，这种分离导致了所有者与经营者间存在着一定的信息不对称问题，进一步会引申出代理冲突（Jensen and Meckling，1976）。代理问题的存在会使得经营者以自身利益最大化的原则行事，而忽略企业存在的"股东利益最大化"目标。这种代理冲突会直接影响公司经营者的行为，进而损害股东的利益。在所有者看来，企业应当为实现长期价值的最大化而存在；在经营者看来，其行为的目的是实现自身利益最大化，包括私人收益、职业声望等。

已有研究表明，创新投资是充满了不确定性、高风险、长期化的过程，需要从长期价值的视角出发，投入更多的管理精力，但也面临着可能的失败风险。因此，在创新投资的决策上，经营者与所有者的冲突更为激烈。一方面，对企业所有者而言，积极开展创新投资可以让企业长期保持优势竞争地位，带来持久的技术溢价和红利，股东也可以通过分散化投资的方式有效化解可能存在的创新风险；另一方面，对企业经营者而言，创新投资需要经营者付出更多的管理精力和努力，也会产生很大的失败风险，对其职业声望产生负面影响。因此，在对创新投资的态度上，企业的所有者和经营者之间存在着天然的冲突。此外，有研究表明企业进行类似的社会责任活动对经营者而言有着积极的影响。首先，企业进行社会责任活动可以起到较好的宣传效果，树立积极的正面形象，能够有效提升经营者的职业声望；其次，企业积极开展社会责任活动有助于促进和利益相关者关系的建立与和谐发展，其中主要涉及政府机构等，这些良好的关系会转变成经营者自身的社会资源；最后，企业进行社会责任活动可以提升经营者对企业资源的支配程度，有助于提高私人利益。总体上说，企业进行社会责任活动很大程度上成了经营者谋取私人收益、声望和宣传的工具，其代价则由所有者和股东共同承担（权小锋，2015）。

2. 企业社会责任促进创新投资：促进效应

根据信息披露的视角，MM 理论认为在无摩擦、无交易成本的市场中，融资方式对企业的投资并不会产生影响，企业可以无差别地通过外部融资来进行投资。但现实世界并不是完美的，市场摩擦不断，交易成本始终存在，企业融资方式之间的差异极其明显，从而会对企业投资行为产生很大的影响。这种市场摩擦与交易成本存在的根源是信息不对称问题，信息不对称使得不同融资方式下资金的成本存在着显著的不同，特别是创新投资活动需要大量的外部融资来支持，而信息不对称问题导致外部投资者很难了解企业内部状况，其不得不提升融资成本来弥补风险溢价问题（童盼，陆正飞，2005）。

已有研究表明，企业社会责任履行水平会缓解企业存在的信息不对称问题，并且能有效降低企业的外部融资成本（Ghoul et al，2011）。降低外部融资的限制程度可以促使企业的融资需求得到基本实现，从而将创新投资强度提升至新高度。Lys 等（2015）认为，由于公司的内部人员对公司未来的发展有着信息优势，因此其进行社会责任活动的行为可以向外部投资者、公众和政府释放出企业经营良好的信号。同时，良好的企业责任意味着企业建立了与其利益相关者之间的良好关系，也增强了利益相关者对企业真实状况的了解，弱化了二者之间的信息不对称问题。Fieseler（2011）的研究发现，企业社会责任有助于提高信息透明度，缓解企业管理层与股东之间的矛盾，从而有利于公司治理水平以及企业价值的提升。Dhaliwal 等（2011）和 EI Ghoul 等（2011）的研究均表明，良好的企业社会责任能够有效降低企业股权融资成本，同时提升企业的信用评级。此外，良好的企业社会责任还能提升外部证券分析师对公司业绩预测的准确度。因此，企业社会责任有助于缓解信息不对称问题，提升企业的治理水平和融资效率，进而对创新投资产生影响（Cui et al.，2016）。

不同于前述的资源基础学说中企业履行社会责任会造成对创新投资的不足，从社会资本的视角来看，企业社会责任本身会提升企业的竞争能力，特别是通过与相关利益者建立起较为紧密的联系能够为企业带来一定的资源，从而为企业的创新投资产生积极的影响。换句话说，为履行企业社会责任而投入的资金很大程度上会转变成社会资本，从而为企业的长期发展和创新投资带来好处。已有部分文献证实了企业社会责任的履行会为企业带来社会资本，从而提升创新投资水平（Godfrey，2005；许正良，刘娜，2008）。

具体来说，首先，通过履行社会责任活动，企业能够与政府之间建立起较为紧密的政商关系，进而获取政府补贴、税收减免等优惠政策；此外，这种政商关系对企业创新投资产出有很大影响，直接决定了企业获取政府政策支持的程度。其次，企业通过履行社会责任建立的良好形象和对员工的关爱，一方面会吸引具有创新能力的人才进入企业，另一方面也会充分发挥员工的创新能力，提升企业创新的绩效（李文茜等，2018）。最后，良好的企业社会责任有助于建立与供应链上下游企业之间的良好合作关系（施星辉，2003），这种良好的合作关系可以为企业的创新方向和效率提供充足的信息支持和资源供应。

本章小结

为了有效厘清企业社会责任与创新投资的研究脉络、研究成果、研究边界和不足之处，本章从创新投资、企业社会责任以及经济后果三个方面对相关文献进行了分析和整理。

首先，从创新投资的内涵、测度以及研究脉络三方面对已有文献进行了梳理和综述。通过对创新投资的内涵与分类的评述，形成本书所使用的创新投资的内涵，并汇集成创新投资过程不同的维度，为后续研究奠定基础。

其次，从内涵、测度以及研究脉络三个角度对与企业社会责任相关的国内外文献进行了综述。第一，通过对企业社会责任的内涵相关文献的梳理与评述，在对已有文献资料进行归纳的前提下，详细介绍了企业社会责任的内涵。第二，在整理相关企业社会责任测度方式研究成果之后可知，现阶段企业社会责任测度指标体系有待进一步完善，在前人研究成果的基础之上，选择适合的企业社会责任测度方法。第三，通过对企业社会责任相关文献研究脉络的梳理，从社会福利偏好的视角对企业社会责任相关文献进行梳理，试图呈现出较为清晰的企业社会责任研究脉络，以回答"利己的企业主体为何投身看似无利可图的社会活动"的问题。

最后，从财务绩效和创新投资两个维度对企业履行社会责任的经济后果相关文献进行了综述和梳理。在财务绩效方面，从研究脉络和现有研究成果两个方面分析梳理了国内外文献关于企业社会责任与财务绩效的关系。从整体来看，对于二者的关系主要有三种观点，其中国内研究大都支持企业社会责任对财务绩效的提升作用。在创新投资方面，同样从研究脉络和研究成果两个层次总结了国内外文献关于企业社会责任与创新投资的关系。从文献梳理的结果来看，国内外学者的研究大都支持企业社会责任的投资性，即对创新投资的促进效应。

第二章 理论基础与理论框架构建

从上一章的文献分析来看，对于创新投资、企业社会责任等方面的研究大多从资源依赖理论、资源基础理论以及利益相关者理论等角度出发。这些文献对企业社会责任与创新投资的关系给出了一定的解释，但总体来说研究的深度不够，特别是对影响机制的探究并不理想，很难为创新投资和企业社会责任实践提供很好的理论借鉴和现实指导。为此，本书在充分分析和提炼创新投资与企业社会责任相关文献的基础上，选择了从政府补贴理论、融资约束理论和代理成本理论三个维度对企业社会责任对创新投资产生影响的内在机制进行分析。

第一节 政府补贴理论

一、政府补贴理论基础

对政府补贴理论的研究最早可以追溯到庇古，其在1920年的著作《福利经济学》中指出政府通过对社会资源的再分配实现对市场的干预。庇古认为，市场失灵时通过政府补贴可以有效地矫正，进而实现帕累托改善。美国经济学家 Musgrave 在其著作《公共财政理论》中指出，政府补贴或者补助很大程度上是为解决市场失灵而存在的，市场失灵使得帕累托最优无法实现，此时必须借助政府之手来弥补市场机制的缺陷。后续学者对政府补贴或者补助的研究不断深入。有研究显示，经济全球化发展趋势的加速到来，使产业竞争成为国际竞争的重要内容之一，为了实现产业竞争优势，各国对其国内企业的政府补贴力度不断加大，并呈持续增长的态势。

关于政府补贴的定义，不同的学者给出了不同的解释。世界经济合作组织在其发布的报告中将政府补贴定义为"政府为了实现一定的政治和经济目的对企业给予的直接或者间接的扶持，包括但不限于资金或者税收减免"。欧盟委员会则将其定义为"企业从政府得到经济好处或者利益"，这个定义大大扩大了政府补贴的涵盖范畴。我国财政部也对政府补贴作了一定的限定和解释，认为政府补贴是企业从政府无偿获得的货币性或非货币性利益，具体而言包括财政拨款、贴息、税收返还等。应当指出的是，政府补贴并不包含政府作为投资者对企业进行的投资活动。本书所涉及的政府补贴概念与我国财政部所定义的概念具有同一性。

关于政府补贴的动机，学术界有几种重要的观点。

一是创造社会就业。就业是各国政府关注的焦点，为了保证社会经济的有序发展和在经济衰退时有效刺激经济，一国政府往往会通过提升对企业补贴的方式来促进企业投资，进而有效地扩大就业量和预防出现较大规模的失业。Eckaus（2006）的研究表明，当国家对出口企业进行补贴时可以有效地规避企业破产，并预防与之相关的大范围失业问题。

二是扶持产业发展。Rober 和 Wim（1990）对全球多个国家进行研究发现，当一国某个行业萎缩和衰退时，政府往往会加大对该产业的补贴力度。这种政府补贴可以有效延缓行业衰退带来的经济冲击，也可以预防可能存在的失业难题。同时，新兴产业在初期大都面临着严重的外商竞争压力和较高的风险，为了有效地发展壮大，政府也会以补贴的形式进行扶持。对新兴产业的扶持，一方面可以为产业发展提供资金支持，另一方面也会向社会释放出政府支持该产业发展的信号。

三是鼓励创新。早在 1950 年 Mansfield 的研究就表明，企业在面对创新时缺乏足够的动力和激励。这是因为大多数创新成果都会在短时间内被模仿，进而导致企业创新成果的技术红利大大缩减，使得企业的创新意愿降低，特别是在知识产权保护机制不健全的发展中国家，这种情况更为严重，企业的创新意愿也更低。因此，政府为了提升企业的创新意愿和创新投入，往往会通过政府补贴的形式对企业的创新活动给予资金支持，也展现了政府对特定产业的支持倾向。

四是政治关联或者政策性负担的考量。政府存在的主要目的之一是行使管理职能，特别是提供公共物品。而在很多体制转轨的国家中，由于政府职能的错位，一部分政府职能由企业承担,政府为了弥补企业提供公共物品的成本会对其进行补贴。此外,由于在发展中国家政府大都控制着较为重要的资源,同时对市场经济的干预程度较高,与政府之间建立良好关系或者拥有政治关联的企业更容易获得政府补贴。

二、企业社会责任与政府补贴

正如前文所述,企业社会责任活动在短期内似乎违背了利润最大化的原则,但长期看来则有利于企业树立良好的形象并带来相应的回报(Deng et al.,2013;Park et al.,2017)。企业本身并不是资源的生产者,而是资源的搜寻者,需要不断地吸收社会资源来产生利润。传统的经济学理论认为,企业等市场主体是理性的,通过衡量收益与成本进行生产或者投资活动。因此,企业积极履行看似"无偿、公益"的社会责任活动,其背后必然有着权衡逻辑。社会责任活动的参与很大程度上满足了政府等利益相关者的诉求,从而使其与企业之间建立较为紧密的关系,这种关系本身具有很强的投资性质,企业也必然会从中获得回报(Hung et al.,2016)。特别是企业社会责任很大一部分涵盖了公益捐助、扶贫救灾等原本需要政府主导的社会义务,企业积极承担这种社会义务必然会获得政府的认可。

对处于制度转轨的经济体而言,政府本身对社会资源有很强的支配作用,政府对社会资源的分配有自主选择权,但这并不意味着政府可以对社会资源进行随意的配置和分摊，政府必然会对补贴之类的资源进行一定的考量，并按一定的标准来进行分配。一般而言，政府进行这种资源分配的逻辑建立在企业能否为其分担"公共职能"上。当一个企业能够为政府解决一定的社会公共职能时，必然会受到政府的褒奖，得到一定的诸如政府补贴之类的回报，因而企业积极参与社会责任活动有利于其建立良好的政商关系，进而获得更多的政府补贴。同时，随着国内反腐倡廉以及规范公务员企业兼职等制度化规定的不断推进，通过企业社会责任等活动来与政府建立良好的关系显得尤为重要，特别是在中央政府积极倡导和鼓励企业肩负起社会责任的背景下，履行企业社会责任对企业的未来发展显得格外重要，这也是近年来我国上市公司开始关注并重视企业社会责任的重要原因。此外，企业主动承担了较多的社会目标，诸如高纳税额、高雇佣人数以及高公益捐赠，很大程度上会减轻政府的投入和责任，也会获得较好的社会舆论，从而对政府补贴的分配产生积极的引导作用。

当上市公司承担较多的社会目标时，就会获得更多的政府补贴；当上市公司对社会目标的支持不足或者没有时，就很难得到政府补贴。这类社会目标包括雇佣人数、公益捐款、环境保护等，这就说明当企业肩负起更多的社会责任时，政府更倾向于用补贴的形式对其进行"嘉奖"。郭剑花、杜兴强（2011）认为，当企业承担较多的社会目标（如雇佣更多的员工）时，更容易与政府建立良好的政商关系，也容易获得政府的补贴；相反，没有承担足够的社会目标的企业，很难与政府建立政商关联，也较少获得政府补贴。这就表明企业社会责任对于建立政商关系、获取政府补贴、形成与政府紧密的互动机制至关重要。

三、政府补贴与创新投资

尽管我国创新投资有了长足发展、企业创新成果不断涌现，但总体来说我国企业创新仍然面临着自主创新较弱的情况，特别是企业自主创新意愿不足、社会资本支持不够等问题尤为严重，在这种背景下需要政府对创新进行扶持和引导。Romer（1990）指出，在政府的产业扶持和引导手段中，政府补贴是最为直接也是最为有效的政策。政府补贴对创新投资而言具有双重作用：一方面，政府补贴具有很强的信号作用，会对产业发展和创新意愿产生很强的引导作用；另一方面，政府补贴本身也是一种可利用的社会资源，具有资源补充的作用。

企业的创新投资活动具有很强的外溢效应，可以全面推动经济和社会的发展。政府为了推动企业创新，一般会采取补贴的方式指导和帮助企业开展长远的创新投资。如前所述，政府补贴的信号属性很强：国家确定重点发展项目、市场表现良好的企业是政府补贴的主要对象。政府对企业补贴的多少，一是传递出政府看好企业所在行业的发展前景，二是表明了企业和政府之间的关系。根据信号理论的相关说法，有政府补贴表明企业发展比较良好，前景十分被看好，有利于企业得到更多利益相关者的关注支持和创新资源的倾斜、投入。所以，政府补贴传达的信息对创新投资有正面的鼓励促进作用。政府补贴传达了企业发展前景良好的信息，一些行业或企业获得政府补贴的多少直接表明政府的政策趋势和扶持方向；站在企业的角度来看，得到越多的政府补贴就意味着得到政府的认可度越高。这些利好信号在信息不完整的前提下是投资者、合作者和客户等共同利益群体预判企业声誉和发展的主要依据，可以促使利益共同体加大对企业的支持。这种支持不但可以为企业带来创新资源，还对企业的创新投资有促进作用。

从资源属性的角度来分析，政府补贴具体指的是政府针对企业开展创新工作提供无偿的资金扶持，这种资金扶持可以直接用于企业的经营活动，对企业而言是一种资源。我国的政府补贴主要有两种模式：一种是通过创新基金补贴公共技术服务机构和企业的创新活动；另一种主要是政策引导，即国家确定重大项目的发展方向，同时承诺高额补贴参与该项目的企业，如国家创新计划等。政策引导的典型案例就是战略性新兴产业的发展。有了政策引导，企业为了抓住发展的好机会和获得政府持续的补贴，自主进行创新投资的意愿就会越来越强烈，政府补贴还可以充分发挥资源属性的优势，切实提升企业创新投资的强度和意愿。

第二节 融资约束理论

一、融资约束理论基础

关于融资约束的定义，Modiglianit 和 Miller 在 1958 年提出的 MM 理论中指出，在一个完美的市场中，企业的融资方式不会影响其投资。因为完美的市场条件下企业的内部融资与外部融资、债务融资和股权融资的成本完全相同，因此企业的融资方式并不会影响企业的投资决策。但现实世界并不完美，存在着很大的市场摩擦和交易成本，使得各种融资方式之间有着较大的差异，进而影响企业的投资决策。公司金融理论认为，企业内外部所获取的信息不一致，会导致企业外部融资成本支出明显大于内部融资，融资制约问题随之产生。融资约束问题会限制企业从外部融资，因此会对投资活动造成严重的影响，创新投资这类需要较长期限、高资金消耗的活动更容易受到融资约束的影响。当一个企业面临严重的融资约束时，往往无法有效开展创新投资这类投资活动（Myers and Majluf，1984）。事实上，融资约束的根源在于企业内部人与外部人之间的信息不对称，当外部人存在信息劣势时，其会要求更多的风险溢价来应对未来可能发生的财务风险，因此外部融资成本会大幅增加。

关于融资约束的测度，学术界有不同的处理方法，总体来看并没有一种较为完善的方法可以有效地度量融资约束问题。目前，主要有三大类方法来计量融资约束问题。

一是构建模型量化。最早是由 Fazzari、Hubbard 和 Petersen 于 1988 年提出的投资—现金流敏感度指标，其指标设定的原理是当企业面临融资约束时，其现金持有水平会呈现与投资机会显著的正相关性。在投资—现金流敏感系数被用来度量融资约束问题后，部分学者通过研究证实了其合理性。但也有不少学者发现，融资约束与投资—现金流敏感系数之间并没有很强的关联性。Moyen (2004) 认为，只有当企业内部的现金完全消耗完毕后，面临新的投资机会的前提下，投资—现金流敏感系数才能够很好地测度融资约束问题，否则很难准确地反映融资约束问题。我国学者连玉君、程建 (2007) 也指出，投资—现金流敏感度并不能很好地反映我国上市公司的融资约束问题，其更多地体现了企业的信息不对称问题，而非单独的融资约束问题。在投资—现金流敏感度提出后，Almeida 等 (2004) 在此基础上提出了现金—现金流敏感系数，但总体来说现金—现金流敏感系数本身存在着与投资—现金流敏感系数类似的问题。因此，对于哪类模型能较好地度量融资约束问题，学术界并没有达成共识。

二是单指标量化。在投资—现金流敏感度指标提出后，许多学者从不同角度考虑用不同的单个指标来对融资约束问题进行衡量，包括企业规模、股利支付率、利息保障倍数等。针对我国特殊的制度和经济背景，有学者采用了产权性质来度量融资约束问题。王彦超 (2009) 对比了产权性质、企业规模和股利支付率指标衡量融资约束问题的效果，总体上股利支付率指标在度量融资约束问题上更为科学、合理。

三是多指标构建量化。基于模型量化融资约束问题的缺陷，Kaplan 和 Zingales（1997）提出了利用多种指标从定性和定量两个角度构建综合性指标的方法来度量企业融资约束问题。Lamont（2001）进一步对上述指标进行了修订，使该指标在后续研究中得到了广泛应用。

目前学术界对融资约束指标的度量并没有较为统一的看法。在本书的考察中，中介效应模型无法对模型构建的融资约束指标进行有效的分析，因此本书选择多指标构建量化和单指标量化两种方法来度量企业融资约束问题。

二、企业社会责任与融资约束

从前文的分析可知，履行社会责任可以为企业树立良好的形象，在外部投资者看来，一个社会责任良好的企业更值得信赖，这样的企业更具发展潜力，他们也更倾向于投资这类企业，从而促进企业以较小的成本获取外部资金。此外，企业出于竞争环境等因素的考量，尤其是在创新过程中为防止信息泄露，往往会较少地向外界提供信息。从这个角度而言，创新投资过程中产生的信息不对称问题更为严重，这种信息不对称更容易导致融资约束，严重限制企业进行创新投资。

企业通过积极履行社会责任活动，一方面会提升企业对外信息披露的程度，提升投资者对企业的关注度和信任度，从而有效地获取外部融资；另一方面有助于企业树立良好的形象，对外界释放企业经营良好的信号，有效地降低信息不对称问题，进而缓解融资约束。企业社会责任水平越高的公司，其获取融资的机会越多、融资金额越大、融资的成本越低。

已有研究表明，当企业积极承担社会责任活动时，还有助于提升企业风险抵御能力，降低投资者风险，缓解融资约束（Cheung，2016）。Luo和Bhattacharya（2009）认为，良好的社会责任有助于企业获取更多的社会资源，从而有效地降低企业的异质性风险；特别是良好的利益相关者关系有助于企业在面临外部市场风险时能够获得必要的资源供应和产品销售渠道，从而能够平稳地度过风险。Albuquerque等（2014）认为，企业良好的社会责任能促使消费者建立稳固的品牌忠诚度，当企业经营面临外部冲击或者系统风险时，品牌忠诚度能够对冲外部风险的影响，确保企业平稳发展。因此，面临投资风险时，外部投资者可以有效地控制风险，降低融资的风险溢价，缓解融资约束。

三、融资约束与创新投资

缺乏有效稳定的资金输入很难实现创新投资的成果输出，特别是在金融市场不发达的发展中国家，获得持续的资金是创新投资成功的关键。此外，企业创新需要大量的资金投入进行设备采购、人才引进等一系列活动，当企业面临较为严重的外部融资约束时，则很难对上述活动进行有效的投入。

同时，企业进行创新投资也会受到融资问题的束缚。当企业面临较为严重的融资约束时，其外部融资渠道资金成本较高，而大多数创新活动的初始资金投入巨大，企业很难有动机和资金实力进行投资，大大降低了企业的创新投资活动。Bond（2003）的调查研究表明，融资约束较为严重的企业往往会在创新投资中放弃风险较大的项目，转而选择资金投入量较低、风险水平小的项目。由于创新投资保密性的特点，面临的融资约束较大的企业更难获得资金，因此融资约束会在很大程度上限制企业进行创新投资。

第三节 代理成本理论

一、代理成本理论基础

西方现代企业理论有两个主要分支：交易成本理论和代理成本理论。早期经济学研究认为企业是一个"黑箱"，鲜有学者关注企业内部的运作情况；公司金融理论学者拆开了企业内部的黑箱，研究企业的运作及其内部制度安排。企业并不是黑箱，而是一个有着内部运行规律的有机整体。企业内部存在着不同的利益方，不同的利益者围绕利益展开博弈。一般而言，按照利益方在企业中的地位可以分为内部人和外部人。内部人包括管理层、控股股东等，外部人则包括中小股东、债权人等。传统公司金融理论认为，在企业内部和企业外部之间存在着利益矛盾，其根源是现代企业制度的经营权与所有权的分离（Jensen and Willian，1976）。当企业经营者在进行企业管理和运作时往往会以自身利益最大化为目标，而企业的实际所有者并没有参与企业的运营和管理，从而导致内部人与外部人、管理层与股东之间的利益冲突，造成企业资源的浪费。这种利益冲突被称为代理成本，内部人与外部人的关系称为委托—代理关系。

二、企业社会责任与代理成本

当企业进行社会责任活动时，很大程度上会向外部利益相关者释放大量的信息。这种信息的释放很好地缓解了信息不对称问题。信息不对称是造成代理成本的根源。一般而言，企业内部人比外部人掌握更多的信息。在这种情况下，内部人可以有效利用这种优势来谋取个人私利。外部人由于缺乏信息，也就无法实施有效的监督。这种监督不力会进一步鼓励内部人从事损害外部人利益的行为，产生较为严重的代理成本。企业社会责任活动很好地释放了企业信息，可以有效缓解上述问题，从而使外部人能够获得充分的信息，对内部人产生足够的威慑力，增强监督能力。因此，从这个意义上来说，企业社会责任可以有效缓解代理冲突，降低代理成本。

此外，企业履行社会责任可以吸引投资人的关注，也能够留住更多有助于企业发展的员工及管理者。

三、代理成本与创新投资

Jensen 和 Meckling（1976）从现代企业制度出发，认为所有权和经营权的分离必然导致股东和管理层之间的利益冲突，产生委托—代理问题。张宗益、郑志丹（2012）在对我国上市公司进行研究的基础上指出代理问题不仅存在于上市公司股东与管理层之中，还存在于中小股东与大股东间，这些代理问题都急需得到解决。在国内，资本市场中上市公司的股权结构较为单一，大股东持股现象普遍，这便为大股东利用职权获取私利创造了条件，从而使得中小股东的利益受到损害，对应的代理成本不断攀升，因此代理问题是研究我国上市公司投资、融资等活动的重要关注点。

对管理层等内部人而言，其行事的原则是自身利益的最大化，而实现自身利益最大化就需要在行事中尽可能提升自身的收益。由于创新投资活动周期较长，需要管理层不断地付出心血来推动创新的开展，并购等活动则不需要付出较大的个人成本，并且可以很好地起到展示业绩的效果，因此，代理成本的存在使得管理层更青睐于收并购而非创新投资活动（Aggarwal and Samwick，2003）。这种代理问题的存在会导致企业管理层过多投资于个人收益大于个人成本的项目，而放弃投资个人收益小于个人成本的项目，从而使得投资与股东利益最大化的目标偏离，造成过度投资或者投资不足问题。黄欣然（2011）的研究表明，当上市公司存在较为严重的代理成本问题时，企业投资将会偏离最优投资，产生资源浪费，降低企业的投资效率。

美国学者 Jensen 在 1986 年提出了"自由现金流假说"，认为经营较为良好的上市公司往往积累了大量的闲置资金，这些资金由企业管理层等内部人控制，并可以自由支配，因此当上市公司存在较为严重的代理问题时，管理层会利用自有资金进行谋取自身利益最大化的活动。当企业持有较多的自由现金流时，管理层等内部人在缺乏有效外部监督和代理成本较高的情况下更有可能利用手中的资源进行投资，大规模投资可以有效提升企业规模，粉饰管理层的经营业绩；短期投资则可以获取更多的私人收益（Hart and Hart，1995）。我国学者的研究表明，上市公司管理层有强烈的动机利用手中的资源进行过度投资以提升企业规模、粉饰经营绩效（杜丽虹，朱武祥，2003）。这种过度投资行为往往不能有效地利用企业资源，造成低效率投资，其目的也偏离了股东利益最大化原则，更多的是管理层等内部人追求企业规模的结果。欧阳令南、刘怀珍（2004）以代理成本理论为基础，构建了上市公司管理层投资决策模型，认为代理问题的存在使得企业在投资决策中偏离了股东价值最大化原则，导致投资效率的低下和投资决策的短视。

此外，当企业进行创新等长期投资时，往往意味着管理层等内部人需要投入更多的时间和精力进行新项目的学习和管理。这种工作时间的增加会降低管理层的效用，提升其个人成本，进行收并购等活动则能有效避免个人成本的增加。加之创新投资过程本身充满了高度的不确定性和风险性，一旦失败会导致经营业绩大幅下滑，出于职业声誉的考虑，大多数管理层会选择较为稳妥的短期项目进行投资（Barker，2000）。

总之，创新等长期投资项目对企业管理层等内部人员而言是有成本的。当代理成本较高时，企业管理层往往会放弃创新等高风险、长周期的投资，转而进行短期内能够极大提升经营表现的项目。这种代理问题引发的利益冲突会导致企业的长期投资不足，也会在短期项目上过度投资，导致投资效率低下。

第四节　理论框架

从创新投资活动的特点来看，创新投资活动需要多方面的协调和推进。在影响创新投资强度、产出和绩效的诸多因素中，政府补贴、融资约束和代理成本起着较为重要的作用。首先，政府补贴具有信号和资源两种属性，一方面可以向企业释放政府对行业的扶持和政策支持信号，提升企业创新投资的意愿；另一方面可以有效补充企业创新投资所需的资金支持，为创新投资提供充足的保障。其次，融资约束很大程度上限制了企业从外部获取资金的能力，当企业无法以较低成本从外部获取资金时，创新投资的预期收益率会低于外部融资成本，从而降低创新投资项目的净现值，导致创新投资不足。缓解上市公司的融资约束能够有效提升其创新投资强度，刺激和鼓励创新投资热情。最后,代理成本的降低有利于提升企业的治理水平、经营业绩和资金使用效率,进一步提升创新投资绩效。

从企业社会责任层面来讲,履行企业社会责任可推动相关利益主体与企业的友好关系,对企业获取社会资源、提高公司治理水平有重要作用。这种影响可以从政府补贴、融资约束和代理成本三个维度体现。首先,良好的企业社会责任意味着企业承担了一定的社会目标,与政府间也更容易建立良好的政企关系,这种政企关系能够给企业带来政府补贴之类的红利,提升企业的创新投资产出。其次,良好的社会责任有助于企业向外部投资者释放较为积极的信号,使企业更有能力抵御外部风险的冲击,降低投资者的预期风险水平,较好地解决融资约束矛盾。最后,企业社会责任的履行还可以有效缓解代理问题,从而提升企业的治理水平,提高经营业绩和资金的使用效率。

总体来说,企业社会责任会通过政府补贴、融资约束和代理成本三个途径对企业的创新投资产生影响。此外,从文献梳理和分析来看,企业所处的行业及所在区域的经济社会发展水平会影响企业履行社会责任、创新投资强度、创新投资产出以及创新投资绩效。为此,本书进一步选取市场结构和地区市场化水平作为调节变量,研究二者的调节效应。图2.1为本书的理论框架。

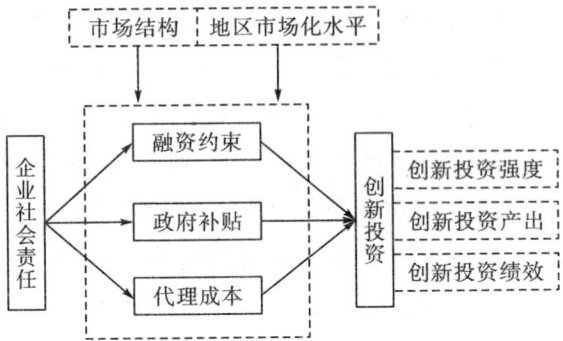

图 2.1 理论框架图

第三章　企业社会责任对创新投资的影响：基本分析

基于前文的理论归纳及文献综述，本章拟通过实证研究的方法检验企业社会责任对创新投资的影响，即企业社会责任对创新投资强度的影响、企业社会责任对创新投资产出的影响以及企业社会责任对创新投资绩效的影响。

第一节　问题的提出

当前中国经济处于转型的重要战略期，产业升级和改革迫在眉睫。习近平总书记在中央财经工作小组会议上指出，"供给侧改革是破解当前经济难题的关键所在"。尽管供给侧改革的范畴和外延十分丰富，但其核心是从产品供给的角度提升产业结构，归根结底是实现产业供给端的升级。要实现产业供给端升级，关键在于创新，创新是实现企业经营优势、促进产业革新的重要途径。由于创新具有高风险、高投入的特点，企业进行创新的动力往往不足；同时，创新的高投入也大大限制了企业进行创新投资的意愿。从熊彼特时代到如今，学术界对创新的研究从未停止，不同地区、国家的学者从不同的角度研究了创新投资的影响因素。企业在完成创新投资的过程中理应得到投资者、政府、员工、供应商以及利益相关人员的支持和帮助，履行企业社会责任是获取利益相关者支持的前提。社会责任对于企业的经营和发展有着非常重要的影响，近年来国内企业对社会责任活动越来越重视，越来越多的企业开始发布社会责任报告，积极参与慈善救助、社会扶贫以及员工关爱等活动，以提升企业的社会责任评级。

为进一步分析企业社会责任与创新投资之间的关系，本书利用我国A股上市公司2009—2016年的数据进行了实证分析，使用润灵环球责任评级RKS指数作为企业社会责任的测度指标，并结合了国泰安数据库中相关的创新投资数据。从研究的结果来看，企业社会责任表现与创新投资强度、创新投资产出和创新投资绩效均存在较为显著的正相关关系，这就意味着履行社会责任的企业在创新投资方面强度更大、产出更多、绩效更高。

对企业社会责任与创新投资关系的研究受很强的内生性问题的影响，主要体现在两个方面：一是创新投资本身会对企业社会责任的履行产生影响，创新能力较强的企业本身具有竞争优势，也更有"余力"履行社会责任，即存在反向因果关系的内生性问题；二是企业社会责任与创新投资本身都体现了企业文化的一部分，二者很可能同时受到管理者风格、企业经营理念等因素的影响，从而产生遗漏变量的内生性问题。从文献来看，对二者关系的研究大都未控制内生性问题，或者只控制了一类，必然会对结果的可靠性产生影响。为了有效地控制两类内生性问题，本章采用面板数据进行研究，并控制了企业的个体效应以减少部分存在的内生性问题，同时采用工具变量进行检验。在控制内生性问题并进行了稳健性检验之后，本章的结论依然成立。

第二节 研究假设

随着政府、投资者以及公众对上市公司企业社会责任活动关注度的提升，学术界对企业履行社会责任活动产生的影响也日益重视。研究表明，企业从事社会责任活动会为公司发展提供诸多方面的好处。第一，良好的企业社会责任表现会带来更多的资本市场和外部分析师的关注（Hong and Kacperczyk，2009），并得到更为积极的资本市场评价和融资便利性（Ioannou and Serafeim，2014）。第二，良好的企业社会责任意味着与股东等其他利益相关者建立了较为紧密的关系（Fieseler，2011），特别是在发展中国家，企业与政府之间较为重要的政企关系很大程度上取决于企业社会责任的履行。第三，良好的企业社会责任表现能够显著提升企业的治理水平和企业价值（Blazovich and Smith，2011；Jo and Harjoto，2011、2012）。第四，良好的企业社会责任有利于提升企业的信用评级和投资者、借款人的投资热情（Attig et al.，2013），降低企业的融资成本和财务费用（Dhaliwal et al.，2011；EI Ghoul et al.，2011）。

创新投资是企业创新能力提升的基础和前提。除了充足的资金供给外,企业与政府之间的良好关系也是提升创新投资的关键,这是因为:一方面,与政府的良好关系可以使得企业享受到更多与创新活动相关的优惠政策,如税收的减免;另一方面,企业可以较为便利地获得来自政府的补贴,这种补贴既可以有效缓解创新活动所面临的资金限制,又可以使创新活动得到政府的认可,有效地提升了企业的创新投资强度。此外,由于公司制度存在两权分离,内部人在追求私人收益最大化的过程中与股东利益最大化的原则冲突,导致代理问题的存在(Jensen and Meckling,1976)。这种代理问题有多种表现形式,导致企业过度投资或者投资不足(Stein,2003)。基于此,本书提出研究假设3.1。

假设3.1:在其他条件不变的情况下,企业社会责任与创新投资之间存在正相关关系。

第三节 研究设计

一、变量设定

(一)被解释变量

创新投资强度(RD):借鉴 Yasuda(2005)、陈爽英等(2017)的研究,选取样本企业当年 R&D 支出与期末总资产之比作为创新投资强度的度量指标。

创新投资产出（Patent）：参照王俊（2010）与戴静、张建华（2013）的处理方法，选择样本企业专利申请数量作为创新投资产出的代理变量，采用专利申请数量加 1 取对数。

创新投资绩效（RDP）：借鉴彭灿和杨玲（2009）、张玉臣和吕宪鹏（2013）的研究，选取样本企业当年专利申请数量与上一年度 R&D 支出之比作为创新投资绩效的度量指标。

（二）解释变量

企业社会责任（CSR）：借鉴曹亚勇等（2012）、刘计含和王建琼（2012）的研究，选择润灵环球责任评级 RKS 指数作为样本企业社会责任的度量指标。[①]

（三）主要控制变量

产权性质（State）：由最终控制人的性质决定。根据国泰安数据库的数据说明，按照最终控制人的性质，可以将上市公司划分为国有企业和民营企业。根据李春涛和宋敏（2010）的研究，在国有产权制度下经理人激励和创新之间的敏感性远低于民营企业，民营企业在创新投资上更

---

① 润灵环球责任评级（Rankins CSR Ratings，RKS）是中国企业社会责任权威第三方评级机构，也是国内首个上市公司社会责任报告评级系统，是上市公司社会责任领域的权威信息发布平台。该指数是目前国内企业社会责任相关主题研究通用的指标，整体上涵盖了企业社会责任关于经济、法律、道德和慈善四个维度。润灵环球责任评级也是国内企业社会责任信息发布最权威、最专业的平台。

具有积极性；对国有企业的管理层而言，进行创新活动很大程度上会带来经营业绩的不确定性，而创新的回报与其自身的收益并没有直接的关联性，因此对国有企业而言创新的激励低于民营企业。

董事会独立性（Independent）：基于赵琳等（2013）的研究，如果董事会表现的独立性越强，其对管理层的监督作用越明显。这种监督作用可以有效地降低上市公司的代理成本，从而推动企业的创新投资表现。本书用董事会中独立董事人数占董事会总人数的比重来衡量该指标。

财务杠杆（Leverage）：基于赵洪江（2009）的研究，上市公司的财务杠杆越高，意味着其负债越多，其外部融资渠道会受到很大的限制，使得企业面临更为严重的融资约束，从而影响创新投资。本书使用样本企业期末负债平均余额与总资产平均余额的比值作为财务杠杆的代理变量。

企业规模（Size）：基于赵洪江（2009）、Zenger 等人的研究，企业规模与创新之间一般存在着 U 型关系，即当企业规模较小时企业更倾向于进行创新投资活动获取竞争实力；随着企业规模的提升，企业创新投资的积极性先减弱后增加。本书使用样本企业期末总资产的自然对数来衡量企业规模。

机构持股（Institution）：基于范海峰和胡玉明（2012）等人的研究，机构持股与企业创新投资之间一般存在着正相关性，这是因为进行较多创新投资的企业更能吸引机构投资者的进入，机构投资者持股可以有效缓解信息不对称问题,从而弱化代理问题。本书设定机构持股为机构投资者持股与样本企业总股数的比值。

现金持有量(Cash):基于何玉润等(2015)的研究,在我国资本市场普遍存在融资约束问题的背景下,大多数企业进行创新投资优先考虑的融资方式是内部融资,因此现金持有量越多的企业越能开展创新投资活动。本书将现金持有量定义为经营现金流与总资产的比值。

表3.1呈现了主要变量的定义和计算方法。

表3.1

变量	定义	计算方法
被解释变量		
RD	创新投资强度	企业R&D支出/期末总资产
Patent	创新投资产出	专利申请数量加1取对数
RDF	创新投资绩效	企业当年专利申请数量/上一年度的R&D支出
解释变量		
CSR	企业社会责任评分	润灵环球责任评级指数中的评分
主要控制变量		
State	产权性质	当为国有企业时取值为1,否则为0
Independent	董事会独立性	独立董事人数/董事会总人数
Leverage	财务杠杆	总负债/总资产
Size	企业规模	企业期末总资产的自然对数
Cash	现金持有量	经营现金流与总资产的比值
Institution	机构持股	机构持股为机构投资者持股与企业总股数的比值

二、样本选取与数据来源

自 2007 年正式实施《企业会计准则 2006》起，我国上市公司研发投入的信息披露数据才相对完整。本书选取润灵环球责任评级指数作为企业社会责任的衡量指标，该数据的可得性为 2009—2016 年。本书选取了 2009—2016 年 A 股上市公司作为研究样本，并从以下几个方面对初始样本进行筛选：第一，剔除了金融保险业企业；第二，删除了总资产为负的公司；第三，对连续变量在 1% 和 99% 分位上进行了缩尾处理。最终获取 22 个行业 362 家公司共 2713 个样本。该样本包括所有发布企业社会责任报告的 A 股上市公司。此外，在行业分类处理上，按照研究惯例，制造业企业选取两位行业代码，其余行业选取一位行业代码。

上市公司企业社会责任数据来自润灵环球评级体系中的企业社会责任数据库，上市公司创新投资数据来自 CMAR 上市公司研发创新数据库，产权性质数据来自万德数据库，上市公司主要财务数据来自国泰安数据库。

三、模型构建

根据研究假设，本书选取面板数据 OLS 作为主要工具来考察上市公司企业社会责任对创新投资的影响。

为了直观性和可视化，本书构建了如下模型用于对企业社会责任对创新投资强度、创新投资产出以及创新投资绩效所产生的影响进行检验：

$$RD_{i,t} = \alpha_0 + \alpha_1 CSR_{i,t} + \alpha_2 Control_{i,t} + \eta_{i,t} \quad (3.1)$$

$$Patent_{i,t} = \beta_0 + \beta_1 CSR_{i,t} + \beta_2 Control_{i,t} + \varepsilon_{i,t} \quad (3.2)$$

$$RDF_{i,t} = \gamma_0 + \gamma_1 CSR_{i,t} + \gamma_2 Control_{i,t} + \mu_{i,t} \quad (3.3)$$

其中，$RD_{i,t}$为创新投资强度，$Patent_{i,t}$为创新投资产出，$RDF_{i,t}$为创新投资绩效，$CSR_{i,t}$为企业社会责任指标，$Control_{i,t}$为主要的控制变量组成的向量，η、ε、μ为随机误差项。

第四节 实证结果分析

本节主要对企业社会责任与创新投资的关系进行回归分析，并对回归结果进行内生性控制和稳健性检验。

一、描述性统计分析

虽然近年来披露社会责任报告的企业数量逐渐上升，但就全部上市公司来说，社会责任报告的披露比例仍然较低。润灵环球评价指数针对企业披露的社会责任报告给出了评分情况（见表3.2）。

整体来看，能够达到A－到A＋＋＋水平的样本仅有24家，占比仅为6.6%，说明总的来说我国上市公司对企业社会责任的重视度并不高。C－到C＋＋＋水平的上市公司占比也仅为3.6%，B－到B＋＋＋水平的企业占比

89.8%。应当注意到,表 3.2 列示的仅为披露企业社会责任报告的上市公司,仍有大量上市公司并没有披露相关信息,这也从侧面反映了我国上市公司普遍忽视了企业社会责任活动,没有深刻认识到履行社会责任活动对企业经营和发展的重要意义。

表 3.2 企业社会责任评分情况表

评分等级	个数	占比
A−至 A+++	24	6.6%
B−至 B+++	325	89.8%
C−至 C+++	13	3.6%
小计	362	100%

(2) 其他主要变量的描述性统计

表 3.3 对其他主要变量的描述性统计分析结果进行了展示。基于创新投资的强度,企业创新投资强度(RD)均值为 0.022,企业研发投入占期末总资产的比重为 2.2%,总体来说我国上市公司研发支出水平不高,最小值为 0,最大值为 0.082,说明企业研发投入占主营业务收入的比重最高为 8.2%,最低为 0;中位数为 0.018,表明样本中 50% 的企业研发投入占比在 1.8% 以下,第三、四分位数为 0.023,表明样本中 25% 的企业研发投入占比为 2.3%~8.2%,可见企业之间的创新投资强度程度存在巨大差异,大多数企业创新投资强度均较低,仅有少量企业将大量资金用于创新投资活动。

第三章 企业社会责任对创新投资的影响：基本分析

表 3.3 主要变量的描述性统计

变量	样本数	均值	标准差	最小值	最大值	分位数		
						25%	50%	75%
RD	2896	0.022	0.016	0	0.082	0.003	0.018	0.023
$Patent$	2896	1.481	1.592	0	5.945	0.346	1.099	2.175
RDF	2896	9.290	11.720	0	44.020	1.390	4.640	11.980
$State$	2896	0.693	0.427	0	1	0	1	1
$Cash$	2896	0.165	0.147	0.010	0.720	0.070	0.134	0.234
$Independent$	2896	0.371	0.054	0.308	0.710	0.330	0.380	0.430
$Leverage$	2896	0.456	0.206	0.047	0.953	0.281	0.456	0.614
$Size$	2896	1.645	1.130	0.280	6.467	0.861	0.1326	2.067
$Institution$	2896	0.050	0.050	0	0.221	0.010	0.034	0.073

从创新投资产出来看，创新投资产出（$Patent$）的均值为1.481，而标准差为1.592，意味着上市公司之间的创新投资产出存在较大的差异性，中位数为1.099，小于平均值；第三、四分位数值为2.175，略大于平均值，且远小于最大值，可以看出企业创新活动存在"赢家通吃"的现象，大部分创新活动是由少数优质公司完成的。

从创新投资绩效来看，创新投资绩效（RDF）的均值为9.290，表明样本公司平均每一单位的创新资金投入可以产出9.290件专利，但由于标准差为11.720，意味着不同公司之间的创新投资绩效差异很大。根据最小值0和最大值44.020的极端差异也可以看出，高效率的创新企业和低效率的创新企业之间存在难以跨越的差距。中位数为4.640，不足平均数的一半，第三、四分位数为11.980，仅略大于平均数，意味着企业间创新投资绩效存在较大差距，大多数公司创新投资绩效低下。

从产权性质来看，有69.3%的企业为国有。现金约束方面的均值是0.165，标准差是0.147，其中所表现的最大值和最小值依次是0.720与0.010，中位数是0.134，比均值要低。董事会独立性的均值为0.371，最大值与最小值分别为0.710和0.308，表明样本当中所存在的独立董事人数在董事会所占比例的平均值为37.1%，呈正态分布。而在财务杠杆当中的均值是0.456，中位数的均值也是0.456，最大值与最小值分别是0.953与0.047，可知财务杠杆的离散程度相对比较高。企业规模的平均值是1.645，其中标准差是1.130，最大值与最小值分别为6.467与0.280，可知企业在规模的离散波动方面程度相对较高，当中位数是1.326时，就会比均值低，呈正态分布。在机构持股当中的均值是0.050，而最小值是0，最大值只有0.221，可知在样本中机构所占有的比值的平均数为5%，机构对于投资者所持有的最高比重是22.1%，中位数为0.034，比平均值要低，呈正态分布。

二、变量相关性分析

表3.4为变量间相关分析矩阵。其中，矩阵的下三角部分是Pearson相关性检验数据，矩阵的上三角部分是Spearman相关性检验数据。可以发现，创新投资强度（RD）与企业社会责任（CSR）具有在1%的显著性水平

下显著的正相关系数，说明企业社会责任的履行对创新投资强度具有正向影响。同理，通过面板数据可以发现创新投资产出（Patent）与企业社会责任（CSR）以及创新投资绩效（RDP）与企业社会责任（CSR）之间具有在1%的显著性水平下显著的正相关系数，说明企业社会责任对创新投资产出、创新投资绩效也具有正向影响。

从控制变量来看，产权性质（State）与创新投资强度、创新投资产出以及创新投资绩效之间具有负相关的显著系数，说明与国有企业相比，非国有企业从事创新活动的积极性更高；现金约束（Cash）与创新投资指标显著正相关，说明企业经营现金流量对创新投资的强度、产出和绩效具有正向的影响作用，即现金流量越充足越有利于创新活动的开展；董事会独立性（Independent）与创新投资指标具有负相关的显著系数，说明相较于独立董事较少的企业，独立董事比例越高其愿意进行创新投资的可能性越高；财务杠杆（Leverage）与创新投资指标具有负相关的显著系数，说明财务杠杆对创新具有明显的负向影响，即企业财务杠杆越高其创新的可能性越低；企业规模（Size）与创新投资指标具有负相关的显著系数，说明规模与企业创新具有明显的负向影响，即大规模企业进行创新投资的意愿低，小规模企业进行创新投资的意愿较高；机构持股（Institution）与创新投资指标具有正相关的显著系数，说明机构持股占比较大的公司其创新的意愿较高，也表明机构投资者对企业创新活动的开展更加重视。

表 3.4 主要变量相关系数表

Variable	VIF	RD	Patent	RDF	CSR	State	Cash	Independ	Leverage	Size	Institution
RD	NA	1.000	0.875***	0.793***	0.458***	−0.365***	0.189***	0.123***	−0.334***	−0.175***	−0.126***
Patent	NA	0.863***	1.000	0.863***	0.445***	−0.339***	0.156***	0.128***	−0.338***	−0.135***	−0.145***
RDF	NA	0.769***	0.857***	1.000	0.446***	−0.367***	0.153***	0.167***	−0.358***	−0.146***	−0.158***
CSR	3.220	0.455***	0.434***	0.432***	1.000	0.036***	−0.157***	0.126***	−0.275***	0.236***	0.457***
State	1.700	−0.307***	−0.336***	−0.315***	0.034***	1.000	−0.045	−0.168***	0.328***	0.334***	−0.053
Cash	3.660	0.158***	0.134***	0.153***	−0.138***	−0.001	1.000	0.015	−0.442***	−0.275***	0.034***
Independ	4.770	0.168***	0.156***	0.123***	0.139***	−0.150***	0.005	1.000	−0.059***	0.074**	−0.035
Leverage	5.180	−0.307***	−0.361***	−0.332***	−0.213***	0.322***	−0.468***	−0.074***	1.000	0.464***	0.036***
Size	6.380	−0.119***	−0.134***	−0.145***	0.200***	0.335***	−0.228***	0.018**	0.499***	1.000	0.037***
Institution	5.790	−0.176	−0.175	−0.124	0.491***	−0.033***	0.058***	−0.002	0.015	0.023***	1.000

注：***、**和*分别表示1%、5%和10%的显著性水平。

在相关系数矩阵中，除被解释变量创新投资三个指标以外，其他解释变量、中介变量以及控制变量之间的相关系数不显著，表明变量之间不具备严重多重共线性问题。本书对全部回归模型进行了方差膨胀因子检验，结果显示各模型中变量的方差膨胀因子远低于判定多重共线性的临界值10，说明自变量之间不存在严重的多重共线性问题。

三、回归分析

本小节利用多元线性回归来实现企业社会责任对创新投资影响的假设检验。

（一）企业社会责任对创新投资强度影响的回归分析

企业社会责任对创新投资强度影响的回归结果见表3.5所示。

表3.5 企业社会责任对创新投资强度影响的回归结果

变量	模型4.1 回归（1）随机效应模型	模型4.1 回归（2）固定效应模型
CSR	0.149***	0.121***
	(3.990)	(3.560)
$State$	−1.456***	—
	(−8.540)	—
$Cash$	0.370**	0.975***
	(2.360)	(2.850)
$Independent$	3.346***	3.345***

续表3.5

变量	模型 4.1 回归（1） 随机效应模型	模型 4.1 回归（2） 固定效应模型
	(9.520)	(9.520)
$Leverage$	−2.356***	−2.543***
	(−12.370)	(−15.500)
$Size$	0.245***	0.568***
	(8.570)	(8.460)
$Institution$	1.280***	1.765***
	(4.230)	(4.760)
N	362	362
行业/年度	控制	控制
$Adjusted-R^2$	0.378	0.482
F 值	56.178	63.634
豪斯曼检验	P 值为 0.0002，拒绝原假设，采用固定效应模型	

注：*、**、***分别代表在 10%、5%、1%水平上显著。

通过表 3.5 可知，在 1%的显著性水平下，企业社会责任对企业创新投资强度均具有显著的正向影响，不管是随机效应模型还是固定效应模型，二者结论一致。由于在固定效应模型中不变因素会在模型估计中自动被剔除成为截距项，因此截面虚拟变量产权性质（$State$）的回归系数并不存在，在模型 3.1 中，豪斯曼检验排除了随机效应模型，指示应采用固定效应模型。因此，实证结果应当以固定效应模型为准，即本书主要关注回归（2）的实证结果。可以看到回归（2）的 F 统计量显著，P 值为 0.000，说明整个回归方程具有意义，模型通过了显著性检验。同时，杠杆率、企业规模以及产权性质前面的系数为负，其他变量系数均为正，也符合经济意义。

由表 3.5 可知，在回归（2）中，企业社会责任（CSR）的系数为显著的正值 0.121，意味着当企业社会责任提升时，创新投资强度增加，企业社会责任对创新投资产生了积极的影响。从控制变量来看，杠杆率（$Leverage$）系数为 -2.543，在 1% 的水平上显著，表示当企业杠杆率越高时，企业的创新投资强度越低，这与本书的预期一致，即企业有较大的债务压力时，很难开展创新投资活动。企业规模（$Size$）系数为显著的正值，表示企业规模越大，进行创新投资的强度越高。前述章节表明，企业规模与创新投资之间呈 U 型关系，而本书的研究对象在规模上都属于大型公司，因此创新投资与企业规模之间呈正相关性也符合预期。产权性质（$State$）系数为负值，表示民营企业相较于国有企业有更大的创新投资强度，机构投资者（$Institution$）、董事会独立性（$Independent$）以及现金持有量（$Cash$）都显著为正值，表明三者能够有效促进企业创新投资强度的提升，也符合本书的预期。

（二）企业社会责任对创新投资产出影响的回归分析

企业社会责任对创新投资产出的影响结果见表 3.6。根据表 3.6 可以得出，在 1% 的显著性水平下，企业社会责任对企业创新投资产出均呈正向影响，且影响显著。由于在固定效应模型中不变因素会在模型估计中自动被剔除成为截距项，因此截面虚拟变量产权性质（State）的回归系数并不存在，在模型 3.2 中，豪斯曼检验指示应选择固定效应模型。因此，实证结果应当以固定效应模型为准，即本书主要关注回归（2）的实证结果。可以看到回归（2）的 F 统计量显著，P 值为 0.000，说明整个模型通过了显著性检验，回归方程具有意义。同时，模型中的控制变量大都通过了 10% 的显著性水平检验，其中杠杆率、企业规模以及产权性质前面的系数为负，其他变量系数均为正，也符合经济意义。

表 3.6　企业社会责任对创新投资产出回归结果

变量	模型 3.2 回归（1） 随机效应模型	模型 3.2 回归（2） 固定效应模型
CSR	0.287***	0.245***
	(3.080)	(2.980)
$State$	−1.454***	—
	(−4.120)	—
$Cash$	0.733***	0.233***
	(4.790)	(3.340)
$Independent$	3.257***	3.235***
	(13.160)	(12.340)
$Leverage$	−2.368***	−2.367***
	(−11.010)	(−12.320)
$Size$	0.216***	0.357***

第三章　企业社会责任对创新投资的影响：基本分析

续表3.6

变量	模型 3.2 回归（1） 随机效应模型	模型 3.2 回归（2） 固定效应模型
	(6.260)	(6.370)
$Institution$	1.421***	1.368***
	(4.130)	(4.170)
N	362	362
行业/年度	控制	控制
$Adjusted-R^2$	0.321	0.416
F 值	49.132	69.561
豪斯曼检验	P 值为 0.0007，拒绝原假设，建立固定效应模型	

注：*、**、***分别代表在10%、5%、1%水平上显著。

在回归（2）中，企业社会责任（CSR）的系数为显著的正值0.245，意味着当企业社会责任提升时，创新投资强度增加，企业社会责任对创新投资产生了积极的影响。从控制变量来看，杠杆率（$Leverage$）系数为-2.367，在1%的水平上显著，表示当企业杠杆率越高时，企业的创新投资强度越低，这与本书预期一致，即企业有较大的债务压力时很难开展创新投资活动。企业规模（$Size$）系数为显著的正值，表示企业规模越大，进行创新投资的强度越高。前述章节表明，企业规模与创新投资之间呈U型关系，而本书的研究对象在规模上都属于大型公司，因此创新投资与企业规模之间呈正相关性也符合预期。产权性质（$State$）系数为负值，表示民营企业相较于国有企业有更大的创新投资强度，机构投资者（Institution）、董事会独立性（Independent）以及现金持有量（Cash）都显著为正值，表明三者能够有效促进企业创新投资强度的提升，也符合本书的预期。

（三）企业社会责任对创新投资绩效影响的回归分析

企业社会责任对创新投资绩效影响的结果见表3.7，可以看出，在1%的显著性水平下，企业社会责任对企业创新投资绩效均呈正向影响，且影响显著。由于在固定效应模型中不变因素会在模型估计中自动被剔除成为截距项，因此截面虚拟变量产权性质（State）的回归系数并不存在，在剔除虚拟变量的模型3.3中，豪斯曼模型设定检验排除了随机效应模型，指示应选择固定效应模型。因此，实证结果应当以固定效应模型为准，即本书主要关注回归（2）的实证结果。可以看到回归（2）的F统计量显著，P值为0.000，说明整个模型通过了显著性检验，回归方程具有意义。同时，杠杆率、企业规模以及产权性质前面的系数为负，其他变量系数均为正，也符合经济意义。

具体而言，在回归（2）中，企业社会责任（CSR）的系数为显著的正值1.651，意味着当企业社会责任提升时，创新投资绩效提高，企业社会责任对创新投资绩效有积极的影响。从控制变量来看，杠杆率（Leverage）系数为-2.463，在1%的水平上显著，表示当企业杠杆率越高时，企业的创新投资绩效越低，这与本书预期一致，即企业有较大的债务压力时很难开展创新投资活动。企业规模（$Size$）系数为显著的正值，表示企业规模越大，进行创新投资的绩效越高。前述章节表明，企业规模与创新投资之间呈 U 型关系，而本书的研究对象在规模上都属于大型公司，因此创新投资与企业规模之间呈现的正相关性也符合预期。产权性质（$State$）系数为负值，表示民营企业相较于国有企业有更大的创新投资强度，机构投资者（$Institution$）、董事会独立性（$Independent$）以及现金持有量（$Cash$）都显著为正值，表明三者能够有效地促进企业创新投资绩效的提升，也符合本书的预期。

表3.7 企业社会责任对创新投资绩效回归结果

变量	模型 3.3 回归（1） 随机效应模型	模型 3.3 回归（2） 固定效应模型
CSR	1.219***	1.651***
	(4.240)	(3.350)
$State$	−2.124***	—
	(−3.470)	—
$Cash$	0.145***	0.468***
	(2.720)	(3.320)
$Independent$	4.178***	4.137***
	(15.520)	(15.270)
$Leverage$	−2.547***	−2.463***
	(−13.540)	(−15.980)
$Size$	0.475***	0.356***

续表3.7

变量	模型 3.3	模型 3.3
	回归（1） 随机效应模型	回归（2） 固定效应模型
	(8.560)	(5.580)
Institution	−1.378***	−1.235***
	(−4.230)	(−3.780)
N	362	362
行业/年度	控制	控制
Adjusted−R^2	0.327	0.427
F 值	43.675	74.344
豪斯曼检验	P 值为 0.0005，拒绝原假设，建立固定效应模型	

注：*、**、***分别代表在10%、5%、1%水平上显著。

第五节 内生性问题处理

由于企业社会责任与创新投资的复杂性，很难涵盖所有的影响因素，可能会在变量选取上有所缺失，存在遗漏变量的问题。结合 Dhaliwal 等（2011）的研究，创新投资本身会促进企业采取较为积极的社会责任策略，某种程度而言创新投资也可能会影响企业的社会责任表现，从而导致企业社会责任表现与创新之间产生联立性。因此，为了克服由于遗漏重要变量而导致研究产生内生性以及变量之间的联立性问题，本书采用工具变量法进行了稳健性检验。

借鉴 Bousch 等（2016）的研究成果，本书选择的工具变量为 CSR_Locat、CSR_Ind。其中，CSR_Locat 代表注册地相同的企业社会责任评分年度均值，CSR_Ind 为同一行业的企业社会责任评分年度均值。

由表 3.8 可以看出，第一阶段的回归以企业社会责任评分为被解释变量，以 CSR_Locat 和 CSR_Ind 为解释变量，结果显示 CSR_Locat、CSR_Ind 与企业社会责任评分显著正相关，即 CSR_Locat 和 CSR_Ind 对企业社会责任表现具有较好的解释力；第二阶段以企业创新投资为被解释变量，CSR_hat 为解释变量，结果同样显示 CSR_hat 对企业社会责任表现具有较好的解释力。两阶段模型回归结果表明创新投资强度、创新投资产出和创新投资绩效均与企业社会责任评分的预测值 CSR_hat 呈显著正相关，说明充分考虑遗漏变量和联立性等内生性问题后，二者之间仍然存在着显著的正相关性，工具变量检验的结果与前述结论一致。

表 3.8 还对工具变量进行了有效性检验。通过弱工具变量检验可以得出 Shea's partial R^2 为 0.070，F 统计量是 269.600，P 值是 0.000，说明不存在弱工具变量；过度识别检验得到的 Hansen J 统计量值均不具有显著性，可拒绝"工具变量内生"的原假设，说明选取的工具变量都是外生的。因此，本书选取的工具变量 CSR_Locat 和 CSR_Ind 是有效的，研究结论可靠。

表 3.8 工具变量检验回归结果（2SLS）

变量	第一阶段	第二阶段		
	CSR	RD	$Patent$	RDF
CSR_Locat	0.325***			
	(5.570)			
CSR_Ind	0.456***			
	(6.130)			
CSR_hat		0.183***	0.241***	1.357***
		(3.570)	(2.380)	(3.980)
$Cash$	0.145***	0.255***	0.468***	0.356***
	(2.720)	(3.680)	(3.320)	(3.760)
$Independent$	4.178***	4.775***	4.137***	4.357***
	(15.520)	(14.130)	(15.270)	(15.120)
$Leverage$	−2.547***	−2.687***	−2.463***	−2.267***
	(−13.540)	(−13.240)	(−15.980)	(−15.250)
$Size$	0.475***	0.533***	0.356***	0.532***
	(8.560)	(7.240)	(5.580)	(5.590)
$Institution$	1.378***	1.457***	1.235***	1.224***
	(4.230)	(5.040)	(3.780)	(3.790)
N	362	362	362	362
行业/年度	控制	控制	控制	控制
$Adjusted-R^2$	0.816	0.367	0.254	0.431
过度识别检验	Hansen J 值 P_value	0.285 0.592	0.297 0.578	0.279 0.586
弱工具变量检验	Shea's partial $R^2=0.070$; $F=269.600$, $P\_value=0.000$			

注：*、**、***分别代表在10%、5%、1%水平上显著。

由表 3.9 可以看出，第一阶段以企业社会责任评分为被解释变量，以 CSR_Locat 和 CSR_Ind 为解释变量，结果显示 CSR_Locat、CSR_Ind 与企业社会责任评分显著正相关，对内生变量企业社会责任表现具有较好的解释力；第二阶段以企业创新投资为被解释变量，以 CSR_hat 为解释变量。两阶段模型回归结果均表明创新投资强度、产出和绩效均与企业社会责任评分的预测值 CSR_hat 呈显著正相关，说明充分考虑遗漏变量和联立性等内生性问题后，社会责任表现与创新投资之间仍然存在着显著的正相关性，工具变量检验的结果与前述结论一致。

表 3.9 工具变量检验回归结果（GMM）

变量	第一阶段	第二阶段		
	CSR	RD	$Patent$	RDF
CSR_Locat	0.219***			
	(6.240)			
CSR_Ind	0.427***			
	(8.240)			
CSR_hat		0.187***	0.217***	1.673***
		(3.250)	(2.690)	(3.270)
$Cash$	0.145***	0.276***	0.468***	0.436***
	(2.720)	(3.920)	(3.320)	(3.840)
$Independent$	4.178***	4.146***	4.137***	4.246***
	(15.520)	(14.580)	(15.270)	(15.040)
$Leverage$	−2.547***	−2.153***	−2.463***	−2.359***

续表3.9

变量	第一阶段	第二阶段		
	CSR	RD	Patent	RDF
	(−13.540)	(−13.390)	(−15.980)	(−15.690)
Size	0.475***	0.487***	0.356***	0.531***
	(8.560)	(6.360)	(5.580)	(5.650)
Institution	1.378***	1.382***	1.235***	1.374***
	(4.230)	(4.650)	(3.780)	(3.160)
N	362	362	362	362
行业/年度	控制	控制	控制	控制
Adjusted−R^2	0.816	0.367	0.254	0.428
过度识别检验	Hansen J 值 P_value	0.285 0.592	0.297 0.578	0.265 0.591
弱工具变量检验	Shea's partial $R^2 = 0.070; F = 269.600, P\_value = 0.000$			

注：*、**、***分别代表在10%、5%、1%水平上显著。

第六节　稳健性检验

为了提升结论的稳定性，本书主要进行了如下稳健性检验。

一、高新技术行业

潘越等（2015）的研究指出，高新技术企业会较多地关注企业社会责任活动，主动披露企业社会责任报告，其他行业的企业对创新活动较为冷漠，不具有研究价值。因此，基于 Cui 和 Mak（2002）以及潘越等（2015）的研究，本书以证监会 2012 年发布的《上市公司行业分类指引》中的制造业行业和信息传输、软件和信息技术服务等高新技术行业中的上市企业作为主要研究对象，估计结果见表 3.10 中的回归（1）、（2）、（3）。其中的被解释变量分别为创新投资强度（RD）、创新投资产出（$Patent$）和创新投资绩效（RDF），在控制了可能影响创新的因素以及年份、行业的固定效应之后，企业社会责任在这两列中都在 1% 的水平上具有显著的正向影响系数，表明在高新技术企业，通过披露社会责任报告履行企业社会责任可以很好地对企业创新产生推动作用。

二、三年滚动专利数量

本书参考 Cornaggiaet 等（2015）的研究结果，选取三年（2010—2012）的滚动专利数量作为创新投资的评估指标，所得的回归结果见表 3.10。在（4）中所呈现的是被解释变量三年的滚动专利申请数量，企业社会责任系数在 1% 的水平上显著为正，说明从长远的角度来分析，对上市企业而言，履行企业社会责任可以很好地促进企业的创新活动。

表 3.10 稳健性检验

	(1) RD	(2) $Patent$	(3) RDF	(4) $Patent\_3$
CSR	1.246***	2.213***	2.349***	1.434***
	(5.350)	(8.450)	(9.640)	(8.320)

续表3.10

	(1) RD	(2) Patent	(3) RDF	(4) Patent_3
Cash	0.368***	0.235***	0.786***	0.233***
	(2.460)	(3.230)	(3.230)	(3.120)
Independent	2.435***	4.456***	3.561***	3.345***
	(8.160)	(9.220)	(7.010)	(9.130)
Leverage	−1.238***	−2.345***	−3.874***	−2.322***
	(−12.260)	(−15.370)	(−8.430)	(−12.010)
Size	0.239***	0.234***	0.544***	0.465***
	(4.980)	(6.330)	(5.540)	(5.890)
Institution	1.417***	1.087***	1.235***	1.122***
	(4.690)	(3.560)	(4.210)	(4.780)
年度	控制	控制	控制	行业年度控制
N	362	362	362	362
Pseudo R^2	0.247	0.265	0.274	0.312

注：*、**、***分别代表在10%、5%、1%水平上显著。

本章小结

本章主要基于我国A股上市公司2009—2016年的数据，研究了企业社会责任表现对其创新投资的影响。从创新投资强度、创新投资产出和创新投资绩效三个维度，通过润灵环球社责任评级RKS指数来对企业的社会责任评分情况进行测度。在控制了可能影响创新投资的主要因素以后,研究得出:上市公司的企业社会责任评分与创新之间存在显著的正向影响,即企业履行社会责任具有投资性。在通过工具变量法控制了企业社会责任与创新投资之间的内生性问题之后,以上结论依然成立。

从本章的研究来看,企业社会责任并非传统意义上的"亏本买卖",积极履行企业社会责任的上市公司在创新投资上有更为良好的表现。该研究结论有以下现实意义:首先,创新投资受到企业社会责任的影响和促进,表明政府可以鼓励企业积极履行社会责任来实现对创新的政策支持和引导,从而改善目前我国企业创新水平较低的现状。其次,对上市公司而言,能够清楚地认识到企业社会责任的履行并不是一种形式,而是一种变相的投资活动,重视企业社会责任活动有助于提升企业创新投资强度、产出和绩效,这样能够为企业的长远发展打下基础。最后,企业履行社会责任是否可以发挥应有的作用,关键在于是否及时、有效地披露企业社会责任活动,以便很好地向利益相关者传递企业经营状况良好的信号,提升信息的透明度,降低代理成本,以进一步提升企业形象,缓解融资约束,获取政府补贴等。

第四章 企业社会责任对创新投资的影响：路径分析

根据前文的分析结果，本章通过实证研究，检验了企业社会责任对创新投资影响的路径。

第一节 问题的提出

如何促进企业创新投资是当前破解我国经济转型升级的关键。从前述章节可以知道，企业履行社会责任可以有效提升创新投资。

本章从政府补贴、融资约束以及代理成本三个方面研究企业社会责任对创新投资的中介效应。利用我国 A 股上市公司 2009—2016 年的数据进行实证分析，使用润灵环球责任评级 RKS 指数作为企业社会责任的测度指标，并结合了国泰安数据库中相关的创新投资数据。

本章选取创新投资强度、创新投资产出和创新投资绩效三个维度的指标对创新投资进行度量，以期系统分析企业社会责任对创新投资不同维度影响机制的差异，为企业提升创新投资能力提供有益的建议。

第二节 研究假设

本节从理论分析的角度探究企业社会责任对上市公司创新投资影响的路径，并提出相应的研究假设。

一、融资约束的中介作用

创新投资的核心在于投资，投资需要企业组织和调用大量的资源。一般而言，这种资源中最为重要的是资金。当企业有充足的资金投入时，可以有效地购置研发设备，吸纳创新人才。创新活动是高资本、长周期的投资活动，特别是重大创新项目往往需要5~10年的研发周期，同时需要大量资本的持续供应。企业很难通过自有资金完成这种长周期、高投入的项目，因此通过外部融资获取资金支持是大多数企业不断推进创新的手段。是否从外部融资以及融资数量是进行外部融资需要解决的问题，解决这一问题的关键在于外部融资的成本。现代公司金融理论将企业从外部融资时融资成本远高于内部融资成本的情况称为融资约束。当一个企业面临融资约束时，意味着其外部融资成本较高、融资规模受限。在这种情况下，企业会根据创新回报率与外部融资成本进行对比，以选择合适的项目。当外部融资成本较高时，企业不得不在收益与付出方面进行权衡，很可能会放弃预期回报率较小的项目，导致创新投资强度不足。融资约束还会导致企业外部融资规模受限，当企业从外部融资的规模较小时，其很难有充足的资金进行创新投资活动。因此，融资约束是企业进行创新投资活动的重要因素。换句话说，企业面临的融资约束问题越严重，其创新投资强度越低，创新投资产出也就越少。

企业产生融资约束问题的根源在于信息不对称。当外部投资者不能获取企业经营或者发展的充足信息时，其面临着严重的信用风险问题，故而会要求提高资金回报率来应对可能出现的风险。而良好的社会责任本身具有很强的信号作用，会向外部人释放企业经营良好、未来发展稳定的信息。这种信息可以缓解外部人的信息匮乏问题，也可以增强内外部人的联系，有效降低信息不对称，从而缓解融资约束问题。基于此，本书提出了研究假设4.1。

假设4.1：企业社会责任与创新投资之间存在着正相关关系是通过融资约束这一中介变量实现的。

二、政府补贴的中介作用

慈善捐赠等企业社会责任活动日益受到学术界和实务界的广泛关注（Peloza and Shang，2011）。一般而言，积极履行企业社会责任的公司能够与政府形成"互利"关系。与发展中国家相比，发达国家拥有完善的法律法规和资本市场，企业的生产经营活动不会受到政府过多的干预，而发展中国家通常会对企业履行社会责任进行干预，例如政府补贴或者税收优惠。张敏等（2013）系统分析了政府补贴和企业慈善捐赠之间的相关性，发现慈善捐赠与政府补贴之间存在显著的正相关关系，尤其是国有企业和经济欠发达地区，政府对企业慈善捐赠行为的干预更加明显。这就表明我国政企关系会因为企业的慈善捐赠而得到改善。政府为了促使企业进行慈善捐赠，不仅会给予财政补贴，还会给予税收保护、降低市场准入条件、产权保护等多项优惠条件（Su and He, 2010; Marquis and Qian, 2013）。从企业的角度来看，政府主导下的慈善捐赠或者其他社会责任活动为它们与政府建立密切的联系提供了重要的纽带，企业往往会通过承担这种成本以换取政府的支持（Fan et al., 2013）。基于此，本书提出了研究假设 4.2。

假设 4.2：企业社会责任与创新投资之间存在着正相关关系是通过政府补贴这一中介变量实现的。

三、代理成本的中介作用

企业管理层按照自身利益最大化而非股东利益最大化行事，必然会减少对风险较高、可以为企业带来长期收益的创新项目投资，转而投资私人收益更高的其他项目。代理成本的存在会对企业创新产生较为严重的影响。一方面，代理冲突意味着企业管理层在面对项目投资选择时会优先考虑自身利益。进行创新项目投资意味着管理层需要花费更多的精力和时间，付出更多的个人成本。同时，创新投资项目的高风险性也会导致管理层要承担创新失败所带来的收益损失和声誉损害。这种双重损失会降低管理层进行创新活动的动力。另一方面，代理成本的存在会降低企业投资的效率，影响创新投资活动的成果输出。

正如前文所述，企业代理问题的根源在于外部人与内部人之间的信息鸿沟。管理层等内部人可以充分利用信息优势实施利己行为,而积极履行社会责任的企业,其内部人展现了良好的职业素养和道德追求。开展社会责任活动可以有效地建立良好的关系,增强外部人对企业信息的获取,缓解代理问题。基于此,本书提出了研究假设4.3。

假设4.3:企业社会责任与创新投资之间存在着正相关关系是通过代理成本这一中介变量实现的。

第三节 研究设计

一、变量设定

(一) 被解释变量

创新投资强度(RD):见第三章第三节。
创新投资产出($Patent$):见第三章第三节。
创新投资绩效(RDP):见第三章第三节。

(二) 解释变量

企业社会责任(CSR):见第三章第三节。

(三) 中介变量

政府补贴($Grant$):借鉴Fölster(1995)、杨洋等(2015)的研究成果,政府补贴采用企业获得的政府补贴金额(单位为百万元)取自然对数来表征,具体包括增值税返还、财政补贴、财政综合、新产品返回、税收奖励及创新鼓励等补贴项目。

融资约束（Constraint）：对于融资约束代理变量，前文指出当前学术界有三种主流方法，分别是构建模型、多指标组合和单指标。由于本书的研究借助了中介效应模型分析，无法选用构建模型的方法，为此，在借鉴以往文献的基础上（王彦超，2009；石晓军，张顺明，2010；解维敏，方红星，2011；张璇等，2017），在设定融资约束度量变量上选取了由 Kaplan、Zingales（1997）提出，经魏志华（2014）修正后的 KZ 指数，KZ 指数越低，融资约束越严重。

代理成本（Agency）：借鉴李维安（2008）、郝臣等（2009）、庞昱（2014）、罗明琦（2014）的研究成果，用总资产周转率（TAT）来表征代理成本。这是一个负向衡量指标，即总资产周转率越高，代理成本越小；反之代理成本越大。同时，使用管理费用率（EXP）作为稳健性检验指标，管理费用率越大，代理成本越高。

（四）主要控制变量

产权性质（State）：见第三章第三节。

董事会独立性（Independent）：基于赵琳等（2013）相关研究者的研究结论，如果董事会表现的独立性越强，其对管理层的监督作用越明显。这种监督作用可以有效地降低上市公司的代理成本，从而推动企业的创新投资表现。本节用董事会中独立董事人数占董事会总人数的比重来衡量该指标。

财务杠杆（$Leverage$）：见第三章第三节。

企业规模（$Size$）：见第三章第三节。

机构持股（$Institution$）：见第三章第三节。

现金持有量（$Cash$）：见第三章第三节。

表 4.1 呈现了主要变量的定义和计算方法。

表 4.1

变量	定义	计算方法
被解释变量		
RD	创新投资强度	企业 R&D 支出/期末总资产
$Patent$	创新投资产出	专利申请数量加 1 取对数
RDF	创新投资绩效	企业当年专利申请数量/上一年度的 R&D 支出
解释变量		
CSR	企业社会责任评分	润灵环球责任评级指数中的评分
中介变量		
$Grant$	政府补贴	企业获得的政府补贴金额的自然对数
KZ	K&Z 指标	经营性净现金流、托宾 Q、现金持有等指标进行加权求和
TAT	总资产周转率	营业收入/总资产
主要控制变量		
$State$	产权性质	当为国有企业时取值为 1，否则为 0
$Independent$	董事会独立性	独立董事人数/董事会总人数
$Leverage$	财务杠杆	总负债/总资产

续表4.1

变量	定义	计算方法
Size	企业规模	企业期末总资产的自然对数
Cash	现金持有量	经营现金流与总资产的比值
Institution	机构持股	机构持股为机构投资者持股与企业总股数的比值

二、样本选取与数据来源

见第三章第三节。

三、模型构建

根据前述章节的理论分析和研究假设，本小节详细介绍了样本选取和样本数据来源，考察了政府补贴、融资约束和代理成本三个变量对企业社会责任影响创新投资的中介效应。

（一）中介效应检验方法

中介效应是指如果某一变量 M 会影响自变量 X 对因变量 Y 的影响，则表明自变量 X 和因变量 Y 之间存在中介变量 M，中介变量 M 会对自变量 X 和因变量 Y 之间的关系产生中介效应（卢谢峰，韩立敏，2007）。Baron 和 Kenny（1986）在研究中发现，采用依次回归的递归方法就能够检验该变量是否发挥了中介效应。目前，国内外学者在研究金融企业、产业经济时，通常会采用依次回归的递归方法（甄红线等，2015；Hasn et al.，2016；冯艳丽等，2016；夏子航等，2016；Yuan et al. 2014）。温忠麟等（2004）用图 4.1 所示的三个步骤来表示递归法对中介效应的检验和判断：

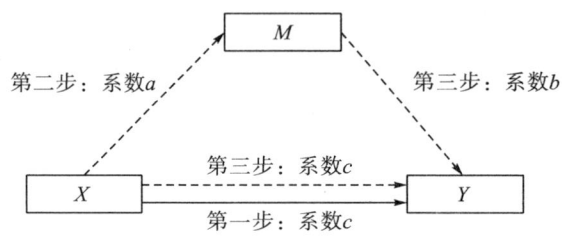

图 4.1　中介效应检验步骤

为了直观性和可视化，针对上图所示中介效应检验步骤，在设定研究的具体模型前设定总模型，步骤如下。

第一步，对自变量和因变量之间的相关性进行检验，模型为：

$$Y = cX + \varepsilon \qquad (4.1)$$

第二步，对自变量和中介变量之间的相关性进行检验，模型为：

$$M = aX + \xi \qquad (4.2)$$

第三步，对自变量、因变量和中介变量三者之间的联合关系进行检验，模型为：

$$Y = c'X + bM + \tau \qquad (4.3)$$

从上述三个检验模型来看：

c ——自变量 X 对因变量 Y 的总效应；

c' —自变量 X 对因变量 Y 的直接效应;

系数 a 和系数 b 的联合作用会对中介变量 M 产生的中介效应产生影响,判断该中介变量 M 是否产生中介效应,其判断流程如图 4.2 所示:

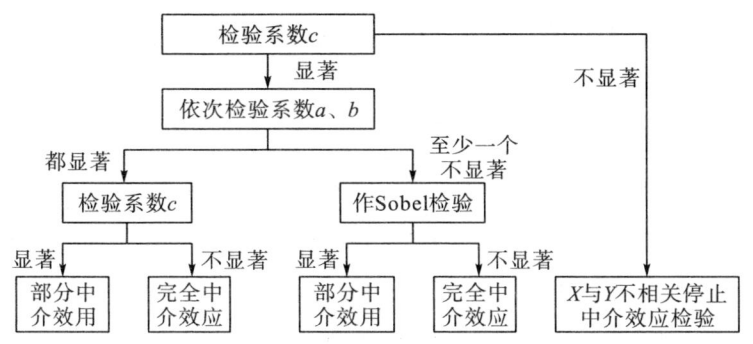

图 4.2　中介效应检验和判断流程

根据图 4.2,首先,需要对系数 c 的显著性进行检验,如果其检验结果为不显著,这表明变量和自变量之间并不存在显著相关性,检验终止;如果检验结果为显著,将继续检验流程。根据接下来的检验结果就可以对中介变量是否发挥了中介效用进行判断:若系数 a、b 和 c' 均显著,表明该中介变量部分发挥了中介效用;若系数 a、b 显著,但系数 c' 不显著,表明该中介变量发挥了完全中介作用;若系数 a、b 中只有一个通过显著性检验,此时还需要对中介变量是否发挥中介效应进行再一次检验,利用 Sobel 检验 Z 的值,公式为:

$$Z = \frac{a*b}{\sqrt{a^2 \cdot SE_b^2 + b^2 \cdot SE_a^2}} \qquad (4.4)$$

其中，SE_a、SE_b分别为系数a、b的标准误差。若Z值显著，则具有中介效应；否则不具有中介效应。此外，还可以进一步基于以上检验方法，设定若变量M为X和Y的中介变量，则其中介效应的大小可以通过计算中介效应比率$EffectRatio = \dfrac{(a*b)}{c}$来体现。

（二）研究模型设定

按照前述中介效应检验理论，自变量为企业社会责任（CSR），因变量为企业创新投资（$Innovation$），中介变量为政府补贴（$Grant$）、融资约束（$Constraint$）和代理成本（$Agency$）。其中企业创新投资的代理变量为创新投资强度（RD）、创新投资产出（$Patent$）和创新投资绩效（RDF）；融资约束的代理变量为$K\&Z$指标（KZ）和股利支付率（DIV）；代理成本的代理变量为代理费用率（EXP）和总资产周转率（TAT）。

根据温忠麟等（2004）和钱雪松等（2015）的中介效应检验方法，构建图4.3所示中介效应检验模型的步骤以及公式：

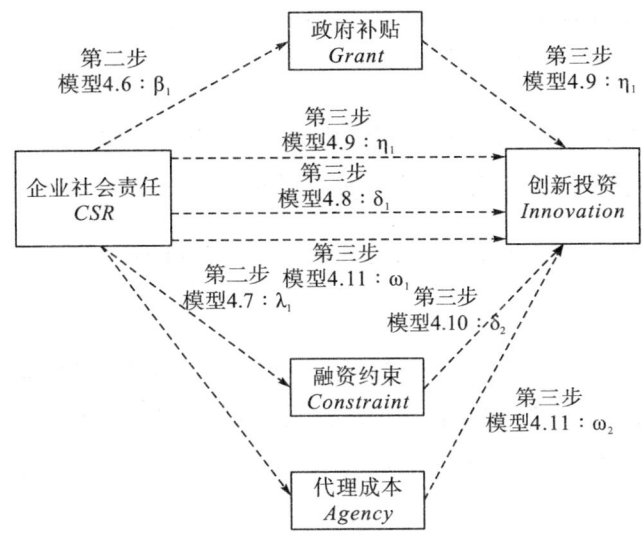

图 4.3 中介效应检验步骤

第一步,对创新投资(Innovation)和企业社会责任(CSR)这一对变量的相关性进行检验,模型为:

$$Innovation_{i,t} = \alpha_0 + \alpha_1 CSR_{i,t} + \alpha_2 Control_{i,t} + \varepsilon_{i,t}$$
(4.5)

第二步,对企业社会责任(CSR)与政府补贴(Grant)的关系进行检验,模型为:

$$Grant_{i,t} = \beta_0 + \beta_1 CSR_{i,t} + \beta_2 Control_{i,t} + \delta_{i,t}$$
(4.6)

同理,对企业社会责任(CSR)与融资约束(Constraint)的关系进行检验,模型为:

$$Constraint_{i,t} = \lambda_0 + \lambda_1 CSR_{i,t} + \lambda_2 Control_{i,t} + \gamma_{i,t}$$
(4.7)

同理，对企业社会责任（CSR）与代理成本（Agency）的关系进行检验，模型为：

$$Agency_{i,t} = \varphi_0 + \varphi_1 CSR_{i,t} + \varphi_2 Control_{i,t} + \eta_{i,t}$$
(4.8)

第三步，对企业社会责任（CSR）、政府补贴（Grant）与创新投资（Innovation）的联合关系进行检验，在模型4.5中加入政府补贴（Grant），构建模型4.9：

$$Innovation_{i,t} = \eta_0 + \eta_1 CSR_{i,t} + \eta_2 Grant_{i,t} + \eta_3 Control_{i,t} + \pi_{i,t}$$
(4.9)

同理，对企业社会责任（CSR）、融资约束（Constraint）与创新投资（Innovation）的联合关系进行检验，在模型4.5中加入融资约束（Constraint），构建模型4.10：

$$Innovation_{i,t} = \delta_0 + \delta_1 CSR_{i,t} + \delta_2 Constraint_{i,t} + \delta_3 Control_{i,t} + \sigma_{i,t}$$
(4.10)

同理，对企业社会责任（CSR）、代理成本（Agency）与创新投资（Innovation）的联合关系进行检验，在模型4.5中加入代理成本（Agency），构建模型4.11：

$$Innovation_{i,t} = \omega_0 + \omega_1 CSR_{i,t} + \omega_2 Agency_{i,t} + \omega_3 Control_{i,t} + \upsilon_{i,t}$$
(4.11)

第四节 实证结果分析

在前文的研究假设以及检验模型的基础上，本节通过实证分析验证研究假设，利用中介效应模型探究融资约束、政府补贴和代理成本对创新投资三个维度变量的中介影响，并对回归结果进行稳健性检验。

一、描述性统计分析

表 4.2 列示了中介变量的描述性统计分析结果。从政府补贴来看，政府补贴的均值、标准差、最小值和最大值分别为 2.320、1.480、0、6.491，可见政府为不同企业提供的补贴存在较大差距。其中位数的计算结果为 2.245，高于 2.320 的均值，可见政府财政补贴的相关数据近似正态分布。

从融资约束来看，衡量融资约束的指标 K&Z 的指数均值为 0.936，标准差为 1.834，最小值为 8.0476，最大值为 3.1606，表明样本中企业面临的融资约束状况存在较大差异，中位数为 1.440，高于均值 0.936，表明融资约束的相关数据近似正态分布。

从代理成本来看，本书采用总资产周转率作为评价代理成本的反向变量，该变量的均值、标准差、最小值和最大值分别为 0.654、0.471、0.040 和 2.599，表明样本中企业的代理成本之间存在较大差异，中位数为 0.540，与均值 0.654 相比略低，表明代理成本的相关数据略偏向右近似正态分布。

表 4.2　中介变量的描述性统计

变量	样本数	均值	标准差	最小值	最大值	分位数		
						25%	50%	75%
$Grant$	2896	2.320	1.480	0	6.491	1.253	2.245	3.241
KZ	2896	0.936	1.834	−8.0476	3.1606	−1.367	1.44	1.458
TAT	2896	0.654	0.471	0.040	2.599	0.214	0.540	0.825

二、变量相关性分析

表 4.3 为变量间相关分析矩阵。通过相关性分析可以发现，创新投资指标与政府补贴（$Grant$）的相关系数在 1% 显著性水平下为正，与 K&Z 指数（KZ）和总资产周转率（TAT）具有在 1% 显著水平上的正相关系数，表明创新投资与政府补贴具有正相关性，与融资约束和代理成本具有负相关关系。

在相关系数矩阵中，创新投资是被解释变量，这一指标的相关系数较高，此外，该矩阵中的控制变量、中介变量、其他解释变量之间的相关系数较小，表明相关系数矩阵中各变量之间并不存在共线性问题。

第四章 企业社会责任对创新投资的影响：路径分析

表 4.3 主要变量相关系数表

Variable	VIF	RD	Patent	RDF	CSR	State	Cash	Independ	Lverage	Size	Institution
RD	1.000	0.846	0.834	0.226***	0.147***	0.147***	0.185***	−0.227***	0.173***	0.059***	−0.494***
Patent	0.894	1.000	0.747	0.247***	0.159***	0.135***	0.158***	−0.238***	0.169***	0.053***	−0.472***
RDF	0.748	0.787	1.000	0.254***	0.119***	0.134***	0.148***	−0.294***	0.175***	0.023***	−0.445***
CSR	0.235***	0.247***	0.296***	1.000	0.054***	0.136***	0.196***	0.044***	−0.138***	0.186***	−0.298***
Grant	0.115***	0.149***	0.125***	0.073***	1.000	0.146***	0.157***	0.023***	−0.076***	0.028***	0.185***
KZ	0.145***	0.194***	0.147***	0.155***	0.184***	1.000	0.254***	0.394***	0.758***	0.095***	−0.133***
TAT	0.102***	0.105***	0.136***	0.154***	0.105***	0.215***	1.000	0.264**	−0.094***	0.167***	0.346*
State	−0.234***	−0.294***	−0.236***	0.034***	0.099***	0.348***	0.219***	1.000	−0.005	−0.157***	0.382***
Cash	0.112***	0.127***	0.119***	−0.138***	−0.053***	0.705***	−0.085***	−0.001	1.000	0.006	−0.467***
Independ	0.094***	0.038***	0.072***	0.139***	0.060***	0.055***	0.136***	−0.150***	0.005	1.000	−0.076***
Lverage	−0.457***	−0.494***	−0.434***	−0.213***	0.166***	−0.146***	0.313*	0.322***	−0.468***	−0.074***	1.000
Size	−0.223***	−0.247***	−0.283***	0.200***	0.501***	0.145***	−0.015**	0.335***	−0.228***	0.018**	0.499***
Institution	−0.164***	−0.138***	−0.156***	0.491***	0.158***	0.009***	0.033***	−0.033***	0.058***	−0.002	0.015***

注：***、**和*分别表示 1%、5%和 10%的显著性水平。

三、回归分析

本小节通过中介效应模型从政府补贴、融资约束与代理成本三个维度分析上述影响的实现路径。

（一）企业社会责任对创新投资强度影响机制的回归分析

前文利用中介效应模型探究企业社会责任对创新投资强度影响机制的过程中主要进行了三个步骤的检验。第一步，检验自变量 X 与因变量 Y 的关系，在本小节中自变量为企业社会责任，因变量为创新投资强度。因此，第一步回归的结果正是表 3.5 回归（3）的结果。第二步，检验自变量 X 与中介变量 M 的关系，因此第二步分别检验企业社会责任对融资约束、政府补贴以及代理成本的影响。第三步，检验自变量 X、中介变量 M 与因变量 Y 的联合关系，需要分别将三个中介变量与企业社会责任对因变量创新投资强度进行回归分析。

表 4.4 是融资约束的中介效应检验结果。回归（1）为表 3.5 中回归（3）的结果，为了有效对照，在此进行列示。回归（1）的分析结果表明，企业社会责任（CSR）系数值为 0.149，在 1% 的水平上显著为正，意味着企业社会责任对创新投资强度产生了正向影响。回归（2）表示的是企业社会责任对融资约束的影响，企业社会责任（CSR）系数为显著的正值 0.381，说明企业社会责任评分与 K&Z 指数呈正相关性，也意味着企业社会责任

的提升会有效缓解上市公司面临的融资约束问题。回归（3）则为将自变量企业社会责任（CSR）、中介变量融资约束（KZ）同时纳入模型的检验结果。从结果来看，中介变量融资约束（KZ）系数为显著的正值0.792，自变量企业社会责任（CSR）的系数也为显著的正值。结合图4.3的检验步骤可知融资约束对企业社会责任之于创新投资强度的影响起到了中介效应的作用，即验证了"企业社会责任—融资约束—创新投资强度"的路径。

表4.4 企业社会责任对创新投资强度的中介效应检验（融资约束）

变量	模型4.5 回归（1） 创新投资强度（RD）	模型4.7 回归（2） K&Z指数（KZ）	模型4.10 回归（3） 创新投资强度（RD）
CSR	0.149***	0.381***	0.092***
	(3.990)	(3.270)	(4.190)
KZ			0.792***
			(5.160)
Cash	0.370***	2.152***	0.737***
	(2.360)	(10.480)	(3.250)
Independent	3.346***	1.284***	3.375***
	(9.520)	(4.150)	(10.250)
Leverage	−2.356***	−3.145***	−2.146***
	(−12.370)	(−13.870)	(−10.010)
Size	0.245***	0.257***	0.287**

续表4.4

变量	模型4.5 回归（1） 创新投资强度 （RD）	模型4.7 回归（2） K&Z指数 （KZ）	模型4.10 回归（3） 创新投资强度 （RD）
	(8.570)	(3.370)	(9.380)
Institution	1.280***	1.379***	1.379***
	(4.230)	(5.120)	(4.570)
N	362	362	362
R^2	0.482	0.426	0.494
模型选择	FE	FE	FE
行业/年度	控制	控制	控制
Sobel检验			无须检验
中介效应			显著

注：*、**、***分别代表在10%、5%、1%水平上显著。

表4.5是政府补贴的中介效应检验结果。回归（1）为表3.5中回归（3）的结果，为了有效对照，在此进行列示。回归（1）中，企业社会责任（CSR）系数值为0.149，在1%的水平上显著为正，意味着企业社会责任对创新投资强度产生了正向的影响。回归（2）表示的是企业社会责任对政府补贴的影响，企业社会责任（CSR）系数为显著的正值0.037，说明企业社会责任评分与政府补贴呈正相关性，也意味着企业社会责任的提升会有效提升政府补贴力度。回归（3）则为将自变量企业社会责任（CSR）、中介变量政府补贴（Grant）同时纳入模型的检

验结果。从结果来看，中介变量政府补贴（Grant）系数为显著的正值0.246，自变量企业社会责任（CSR）系数也为显著的正值。结合图4.3中的检验步骤，可知企业社会责任和创新投资强度之间的相关性受政府补贴的影响，即验证了"企业社会责任—政府补贴—创新投资强度"的路径。

表4.6是代理成本的中介效应检验结果。回归（1）为表3.5中回归（3）的结果，为了有效对照，在此进行列示。回归（1）的检验结果表明，企业社会责任（CSR）系数为0.149，在1%的水平上显著为正，意味着企业社会责任对创新投资强度产生了正向的影响。回归（2）中，企业社会责任（CSR）系数为显著的正值0.047，说明企业社会责任评分的提升会有效提高企业总资产周转率（TAT），也意味着企业社会责任的提升会有效降低上市公司的代理成本。回归（3）则为将自变量企业社会责任（CSR）、中介变量总资产周转率（TAT）同时纳入模型的检验结果。从结果来看，中介变量总资产周转率（TAT）系数并不显著，自变量企业社会责任（CSR）系数为显著的正值。结合图4.3的检验步骤，可知此时并无法直接判断中介效应是否存在，需要进一步进行Sobel检验。根据检验结果，在企业社会责任和创新投资强度之间的相关性中，代理成本并未发挥中介效用，即验证了"企业社会责任—代理成本—创新投资强度"的路径并不存在。

表 4.5 企业社会责任对创新投资强度的中介效应检验（政府补贴）

变量	模型 4.5 回归（1） 创新投资强度（RD）	模型 4.6 回归（2） 政府补贴（Grant）	模型 4.9 回归（3） 创新投资强度（RD）
CSR	0.149***	0.037***	0.051***
	(3.990)	(3.140)	(3.250)
$Grant$			0.246***
			(7.240)
$Cash$	0.370***	2.152***	0.367***
	(2.360)	(17.230)	(5.160)
$Independent$	3.346***	1.284***	3.389***
	(9.520)	(12.890)	(17.240)
$Leverage$	−2.356***	−1.358***	−2.068***
	(−12.370)	(−13.250)	(−9.130)
$Size$	0.245***	0.047***	0.281**
	(8.570)	(4.730)	(9.360)
$Institution$	1.280***	1.012***	1.146***
	(4.230)	(9.250)	(7.250)
N	362	362	362
R^2	0.482	0.247	0.372
模型选择	FE	FE	FE
行业/年度	控制	控制	控制
Sobel 检验			无须检验
中介效应			显著

注：*、**、***分别代表在10%、5%、1%水平上显著。

第四章 企业社会责任对创新投资的影响：路径分析

表4.6 企业社会责任对创新投资强度的中介效应检验（代理成本）

变量	模型4.5 回归（1） 创新投资强度（RD）	模型4.8 回归（2） 总资产周转率（TAT）	模型4.11 回归（3） 创新投资强度（RD）
CSR	0.149***	0.047***	0.144***
	(3.990)	(3.140)	(4.190)
$Grant$			0.792
			(0.160)
$Cash$	0.370***	0.152*	0.638***
	(2.360)	(1.480)	(4.210)
$Independent$	3.346***	2.484***	4.135***
	(9.520)	(17.230)	(13.210)
$Leverage$	−2.356***	−1.145	−2.891***
	(−12.370)	(−1.140)	(−12.370)
$Size$	0.245***	−0.133***	0.232**
	(−8.570)	(−4.250)	(2.380)
$Institution$	1.280***	2.136***	1.331***
	(4.230)	(12.320)	(5.970)
N	362	362	362
R^2	0.482	0.248	0.484
模型选择	FE	FE	FE
行业/年度	控制	控制	控制
Sobel检验			$Z=0.819, |z|\leqslant 0.97$
中介效应			不显著

注：*、**、***分别代表在10%、5%、1%水平上显著。

总之，从结果来看，企业社会责任对创新投资强度的影响主要是通过融资约束和政府补贴的中介效应实现的，而代理成本并没有对二者关系产生显著的中介影响。具体而言，本小节的实证分析证实了"企业社会责任—政府补贴—创新投资强度"和"企业社会责任—融资约束—创新投资强度"两条路径，排除了"企业社会责任—代理成本—创新投资强度"这条路径。这说明企业社会责任的提升可以有效缓解上市公司的融资约束问题，促使其获取更多的政府补贴，从而提高其创新投资强度。

（二）企业社会责任对创新投资产出影响机制的回归分析

前文在利用中介效应模型探究企业社会责任对创新投资产出影响机制的过程中主要进行了三个步骤的检验。第一步，检验自变量 X 与因变量 Y 的关系，自变量为企业社会责任，因变量为创新投资产出。因此，第一步回归的结果正是表3.6回归（3）的结果。第二步，检验自变量 X 与中介变量 M 的关系，即检验企业社会责任对融资约束、政府补贴以及代理成本的影响。第三步，检验自变量 X、中介变量 M 与因变量 Y 的联合关系，需要分别将三个中介变量与企业社会责任对因变量创新投资产出进行回归分析。

表4.7是融资约束的中介效应检验结果。回归（1）为表3.6中回归（3）的结果，为了有效对照，在此进行列示。回归（1）的检验结果表明企业社会责任（CSR）

系数值为 0.245，在 1% 的水平上显著为正，意味着企业社会责任对创新投资产出产生了正向的影响。回归（2）中，企业社会责任（CSR）系数为显著的正值 0.381，说明企业社会责任评分与 K&Z 指数呈正相关性，也意味着企业社会责任的提升有利于企业进行创新融资。回归（3）为将自变量企业社会责任（CSR）、中介变量融资约束（KZ）同时纳入模型的检验结果。从结果来看，中介变量融资约束（KZ）系数为显著的正值 0.436，自变量企业社会责任（CSR）系数也为显著的正值。结合图 4.3 的检验步骤，可知融资约束对企业社会责任之于创新投资产出的影响起到了中介效应，即验证了"企业社会责任—融资约束—创新投资产出"的路径。

表 4.8 给出了政府补贴的中介效应检验结果。回归（1）为表 3.6 中回归（3）的结果，为了有效对照，在此进行列示。回归（1）的检验结果表明企业社会责任（CSR）系数为 0.149，在 1% 的水平上显著为正，意味着企业社会责任对创新投资产出产生了正向的影响。回归（2）表示的是企业社会责任对政府补贴的影响，企业社会责任（CSR）系数为显著的正值 0.037，说明企业社会责任评分与政府补贴呈正相关性，也意味着企业社会责任的提升会有效提升政府补贴力度。回归（3）为将自变量企业社会责任（CSR）、中介变量政府补贴（Grant）同时纳入模型的检验结果。从结果来看，中介变量政府补贴（Grant）系数为显著的正值 0.792，自变量企业社会责任（CSR）系数也为显著的正值。结合图 4.3 的检验步骤，

可知政府补贴对企业社会责任之于创新投资产出的影响起到了中介效应,即验证了"企业社会责任—政府补贴—创新投资产出"的路径。

表4.7 企业社会责任对创新投资产出的中介效应检验(融资约束)

变量	模型4.5 回归(1) 创新投资产出 (Patent)	模型4.7 回归(2) K&Z指数 (KZ)	模型4.10 回归(3) 创新投资强度 (RD)
CSR	0.245***	0.381***	0.094***
	(2.980)	(3.270)	(3.190)
KZ	—	—	0.436***
			(8.250)
Cash	0.233***	2.152***	0.367***
	(3.340)	(10.480)	(6.230)
Independent	3.235***	1.284***	3.147***
	(12.340)	(4.150)	(11.250)
Leverage	−2.367***	−3.145***	−2.368***
	(−12.320)	(−13.870)	(−9.780)
Size	0.357***	0.257***	0.315**
	(6.370)	(3.370)	(10.280)
Institution	1.368***	1.379***	1.589***
	(4.170)	(5.120)	(5.140)
N	362	362	362
R^2	0.482	0.426	0.517
模型选择	FE	FE	FE
Sobel检验			无须检验
中介效应			显著

注:*、**、***分别代表在10%、5%、1%水平上显著。

第四章 企业社会责任对创新投资的影响：路径分析

表4.8 企业社会责任对创新投资产出的中介效应检验（政府补贴）

变量	模型4.5 回归（1） 创新投资产出 （Patent）	模型4.6 回归（2） 政府补贴 （Grant）	模型4.9 回归（3） 创新投资产出 （Patent）
CSR	0.245***	0.037**	0.137***
	(2.980)	(3.140)	(6.190)
Grant	—		0.792***
			(5.160)
Cash	0.233***	2.152***	0.737***
	(3.340)	(17.230)	(3.250)
Independent	3.235***	1.284***	3.375***
	(12.340)	(12.890)	(10.250)
Leverage	−2.367***	−1.358***	−2.146***
	(−12.320)	(−13.250)	(−10.010)
Size	0.357***	0.047***	0.287**
	(6.370)	(4.730)	(9.380)
Institution	1.368***	1.012***	1.379***
	(4.170)	(9.250)	(4.570)
N	362	362	362
R^2	0.482	0.247	0.494
模型选择	FE	FE	FE
Sobel检验			
中介效应			显著

注：*、**、***分别代表在10%、5%、1%水平上显著。

表4.9给出了代理成本的中介效应检验结果。回归（1）为表3.6中回归（3）的结果，为了有效对照，在此进行列示。回归（1）的检验结果表明企业社会责任（CSR）系数值为0.149，在1%的水平上显著为正，意味着企业社会责任对创新投资产出产生了正向的影响。回归（2）中，企业社会责任（CSR）系数为显著的正值0.381，说明企业社会责任评分的提升会有效提高企业总资产周转率（TAT），也意味着企业社会责任的提升会有效降低上市公司的代理成本。回归（3）为将自变量企业社会责任（CSR）、中介变量总资产周转率（TAT）同时纳入模型的检验结果。从结果来看，中介变量总资产周转率（TAT）系数并不显著，自变量企业社会责任（CSR）系数为显著的正值。结合图4.3的检验步骤，可知此时并无法直接判断中介效应是否存在，需要进一步进行Sobel检验。从Sobel检验结果来看，在企业社会责任和创新投资产出之间的相关性中，代理成本并未发挥中介效应，即验证了"企业社会责任—代理成本—创新投资产出"的路径并不存在。

表4.9 企业社会责任对创新投资产出的中介效应检验（代理成本）

变量	模型4.5 回归（1） 创新投资产出（Patent）	模型4.5 回归（2） 总资产周转率（TAT）	模型4.9 回归（3） 创新投资产出（Patent）
CSR	0.245***	0.047***	0.232***
	(2.980)	(3.140)	(4.190)

续表4.9

变量	模型4.5 回归（1） 创新投资产出 (Patent)	模型4.5 回归（2） 总资产周转率 (TAT)	模型4.9 回归（3） 创新投资产出 (Patent)
TAT	—		0.643
	—		(1.160)
Cash	0.233***	0.152*	0.747***
	(3.340)	(1.480)	(3.920)
Independent	3.235***	2.484***	3.362***
	(12.340)	(17.230)	(11.180)
Leverage	−2.367***	−1.145	−2.357***
	(−12.320)	(−1.140)	(−12.740)
Size	0.357***	0.133***	0.316**
	(6.370)	(4.250)	(10.870)
Institution	1.368***	2.154***	1.368***
	(4.170)	(12.580)	(4.160)
N	362	362	362
R^2	0.482	0.248	0.484
行业/年度	控制	控制	控制
模型选择	FE	FE	FE
Sobel检验			$Z=0.714, |z|\leqslant 0.830$
中介效应			不显著

注：*、**、***分别代表在10%、5%、1%水平上显著。

总之，从结果来看，企业社会责任对创新投资产出的影响主要是通过融资约束和政府补贴的中介效应实现的，而代理成本并没有对二者关系产生显著的中介效应。具体而言，本小节的实证分析证实了"企业社会责任—政府补贴—创新投资产出"和"企业社会责任—融资约束—创新投资产出"两条路径，排除了"企业社会责任—代理成本—创新投资产出"这条路径。这说明企业社会责任的提升可以有效缓解上市公司的融资约束问题，促使其获取更多的政府补贴，从而提高其创新投资产出。

（三）企业社会责任对创新投资绩效影响机制的回归分析

前文在利用中介效应模型探究企业社会责任对创新投资绩效影响机制的过程中主要进行了三个步骤的检验。第一步，检验自变量 X 与因变量 Y 的关系，自变量 X 为企业社会责任，因变量 Y 为创新投资绩效。因此，第一步回归的结果正是表 3.7 回归（3）的结果。第二步，检验自变量 X 与中介变量 M 的关系，即检验企业社会责任对融资约束、政府补贴以及代理成本的影响。第三步，检验自变量 X、中介变量 M 与因变量 Y 的联合关系，需要分别将三个中介变量与企业社会责任对因变量创新投资绩效进行回归分析。

表 4.10 给出了融资约束的中介效应检验结果。回归（1）为表 3.7 中回归（3）的结果，为了有效对照，在此进行列示。回归（1）的回归分析结果表明企业社会责任（CSR）系数为 1.651，在 1% 的水平上显著为正，意味着企业社会责任对创新投资绩效具有显著的正向关系。回归

(2) 表示的是企业社会责任对融资约束的影响,企业社会责任（CSR）系数为显著的正值 0.381,说明企业社会责任评分与 K&Z 指数呈正相关性,也意味着企业社会责任的提升有利于企业更好地获得创新方面的融资。回归（3）为将自变量企业社会责任（CSR）、中介变量融资约束（KZ）同时纳入模型的检验结果。从结果来看,中介变量融资约束（KZ）系数并不显著,自变量企业社会责任（CSR）系数为显著的正值。结合图 4.3 的检验步骤,可知此时并无法直接判断中介效应是否存在,需要进一步进行 Sobel 检验。从 Sobel 检验结果来看,在企业社会责任和创新投资绩效的相关性中,融资约束这一变量并未发挥中介效应,即验证了"企业社会责任—融资约束—创新投资绩效"的路径并不存在。

表 4.10　企业社会责任对创新投资绩效的中介效应检验（融资约束）

变量	模型 4.5	模型 4.7	模型 4.10
	回归（1）	回归（2）	回归（3）
	创新投资绩效（RDF）	K&Z 指数（KZ）	创新投资绩效（RDF）
CSR	1.651***	0.381***	1.648***
	(3.350)	(3.270)	(3.130)
KZ	—		0.284
	—		(0.140)
Cash	0.468***	2.152***	0.451***
	(3.320)	(10.480)	(3.150)
Independent	4.137***	1.284***	4.198***

续表4.10

变量	模型 4.5 回归（1） 创新投资绩效 （RDF）	模型 4.7 回归（2） K&Z 指数 （KZ）	模型 4.10 回归（3） 创新投资绩效 （RDF）
	(15.270)	(4.150)	(10.010)
$Leverage$	−2.463***	−3.145***	−2.418***
	(−15.980)	(−13.870)	(−10.190)
$Size$	0.356***	0.257***	0.327**
	(5.580)	(3.370)	(6.040)
$Institution$	−1.235***	1.379***	−1.364***
	(−3.780)	(5.120)	(−4.890)
N	362	362	362
R^2	0.427	0.426	0.431
行业/年度	控制	控制	控制
模型选择	FE	FE	FE
Sobel 检验			Z=0.836, $\|z\| \leq 0.920$
中介效应			不显著

注：*、**、***分别代表在10%、5%、1%水平上显著。

表4.11给出了政府补贴的中介效应检验结果。回归（1）为表3.7中回归（3）的结果，为了有效对照，在此进行列示。回归（1）的检验结果表明企业社会责任（CSR）系数为1.651，在1%的水平上显著为正，意味着企业社会责任对创新投资绩效具有显著的正向影响关系。回归（2）表示的是企业社会责任对政府补贴的影响，企业社会责任（CSR）系数为显著的正值0.037，说明企业

社会责任评分与政府补贴呈正相关性,也意味着企业社会责任的提升会有效提升政府补贴力度。回归(3)为将自变量企业社会责任(CSR)、中介变量政府补贴(Grant)同时纳入模型的检验结果。从结果来看,中介变量政府补贴(Grant)系数并不显著,自变量企业社会责任(CSR)系数为显著的正值。结合图 4.3 的检验步骤,可知此时并无法直接判断中介效应是否存在,需要进一步进行 Sobel 检验。从 Sobel 检验结果来看,在企业社会责任和创新投资绩效之间的相关性中,政府补贴并未发挥中介效应,即验证了"企业社会责任—政府补贴—创新投资绩效"的路径并不存在。

表 4.11　企业社会责任对创新投资绩效的中介效应检验(政府补贴)

变量	模型 4.5 回归(1) 创新投资强度(RD)	模型 4.6 回归(2) 政府补贴(Grant)	模型 4.9 回归(3) 创新投资强度(RD)
CSR	1.651***	0.037**	1.654***
	(3.350)	(3.140)	(4.190)
Grant	—	—	0.467
	—	—	(0.89)
Cash	0.468***	2.152***	0.462***
	(3.320)	(17.230)	(3.580)
Independent	4.137***	1.284***	4.257***
	(15.270)	(12.890)	(15.980)
Leverage	−2.463***	−1.358***	−2.213***

续表 4.11

变量	模型 4.5 回归（1） 创新投资强度（RD）	模型 4.6 回归（2） 政府补贴（Grant）	模型 4.9 回归（3） 创新投资强度（RD）
	(−15.980)	(−13.250)	(−10.780)
$Size$	−0.356***	0.047***	−0.359**
	(−5.580)	(4.730)	(−5.040)
$Institution$	−1.235***	1.012***	−1.268***
	(−3.780)	(9.250)	(−4.180)
N	362	362	362
R^2	0.427	0.247	0.429
行业/年度	控制	控制	控制
模型选择	FE	FE	FE
Sobel 检验			Z=0.814，$\|z\| \leqslant 0.940$
中介效应			不显著

注：*、**、***分别代表在 10％、5％、1％水平上显著。

表 4.12 给出了代理成本的中介效应检验结果。回归（1）为表 3.7 中回归（3）的结果，为了有效对照，在此进行列示。回归（1）的检验结果表明企业社会责任（CSR）系数为 1.651，在 1‰ 的水平上显著为正，意味着企业社会责任对创新投资强度产生了正向的影响。回归（2）中，企业社会责任（CSR）系数为显著的正值 0.047，说明企业社会责任评分的提升会有效提高企业总资产周转率（TAT），也意味着企业社会责任的提升会有效降低上市公司的代理成本。回归（3）则为将自变量企

业社会责任（CSR）、中介变量总资产周转率（TAT）同时纳入模型的检验结果。从结果来看，中介变量总资产周转率（TAT）系数为显著的正值 0.792，自变量企业社会责任（CSR）系数也为显著的正值。结合图 4.3 的检验步骤，可知代理成本对企业社会责任之于创新投资绩效的影响起到了中介效应，即验证了"企业社会责任—代理成本—创新投资绩效"的路径。

总之，从结果来看，企业社会责任对创新投资绩效的影响主要是通过代理成本的中介效应实现的，融资约束和政府补贴并没有对二者关系产生显著的中介效应。具体而言，本小节的实证分析证实了"企业社会责任—代理成本—创新投资绩效"路径，排除了"企业社会责任—融资约束—创新投资强度"和"企业社会责任—政府补贴—创新投资强度"两条路径。这说明企业社会责任的提升可以有效提升上市公司的治理水平，降低其内部代理成本，从而提高其创新投资绩效。

表 4.12 企业社会责任对创新投资绩效的中介效应检验（代理成本）

变量	模型 4.5 回归（1）创新投资绩效（RDF）	模型 4.7 回归（2）总资产周转率（TAT）	模型 4.10 回归（3）创新投资绩效（RDF）
CSR	1.651***	0.047***	0.092***
	(3.350)	(3.140)	(4.190)
TAT	—	—	0.378***
	—	—	(15.130)

续表4.12

变量	模型4.5 回归（1） 创新投资绩效 （RDF）	模型4.7 回归（2） 总资产周转率 （TAT）	模型4.10 回归（3） 创新投资绩效 （RDF）
Cash	0.468***	0.152*	0.737***
	(3.320)	(1.480)	(3.250)
Independent	4.137***	2.484***	3.269***
	(15.270)	(17.230)	(10.010)
Leverage	−2.463***	−1.145	−2.157***
	(−15.980)	(−1.140)	(−10.170)
Size	0.356***	0.133***	0.264**
	(5.580)	(4.250)	(9.020)
Institution	−1.235***	2.136***	1.246***
	(−3.780)	(12.320)	(4.020)
N	362	362	362
R^2	0.427	0.248	0.494
行业/年度	控制	控制	控制
模型选择	FE	FE	FE
Sobel检验			无须检验
中介效应			显著

注：*、**、***分别代表在10%、5%、1%水平上显著。

第五节 内生性问题处理

由于企业社会责任与创新投资的复杂性，很难涵盖所有的影响因素，可能会在变量选取上有所缺失，存在遗漏变量问题。结合 Dhaliwal 等（2011）的研究，创新投资本身会促进企业采取较为积极的社会责任策略，创新投资也可能会影响企业社会责任表现，从而导致企业社会责任表现与创新之间产生联立性。因此，为了克服由于遗漏重要变量而导致研究产生内生性以及变量之间的联立性问题，本书采用工具变量法进行稳健性检验。

借鉴 Bousch 等（2016）的研究成果，本书选择的工具变量为 CSR_Locat、CSR_Ind。其中，CSR_Locat 代表注册地相同的企业社会责任评分年度均值，CSR_Ind 为同一行业的企业社会责任评分年度均值。

本书采用 2SLS 方法作为工具变量检验法，针对模型 4.5—4.11 进行检验。表 4.13 是工具变量检验中中介效应系数汇总，主要呈现了 2SLS 第二阶段回归的结果，此时选取第一阶段回归所得到的企业社会责任预测值 Hat_CSR。

对融资约束中介变量而言，模型 4.5 中 Hat_CSR 系数显著为正，这就表明企业的创新投资强度、绩效、产出、社会责任在经过行业年度均值调整以后，企业社会责任和其他几个变量之间的相关性仍然显著为正；模型 4.5 中 Hat_CSR 系数显著为正，表明第一阶段的回归分析结果中，企业融资约束代理变量和企业社会责任预测值之间具有显著的正向影响关系。在创新投资强度方面，模型 4.10 Hat_CSR 系数和 KZ 系数均显著为正，结合图 4.2 的中介效应，可以断定融资约束在企业社会责任与创新投资中发挥部分中介效应。Sobel 检验结果均具有较高的显著性，也说明融资约束对创新投资强度具有一定的中介效应。在创新投资产出方面，模型 4.10 Hat_CSR 系数和 KZ 系数均显著为正，结合图 4.2 的中介效应，可以断定融资约束在企业社会责任与创新投资中发挥部分中介效应。Sobel 检验结果均具有较高的显著性，也说明融资约束对创新投资强度具有一定的中介效应。在创新投资绩效方面，模型 4.10 Hat_CSR 系数显著为正，而 KZ 系数并不显著，结合图 4.3 中的检验步骤，Sobel 检验结果显著性不高，说明融资约束对创新投资绩效的中介效应并不显著。

同理，对于政府补贴、代理成本，亦可从表 4.13 得出判断。总体来说，通过工具变量法进行中介效应检验得到的结论并未发生变化，进一步说明前述中介效应检验结果具有一定的稳健性。

第四章 企业社会责任对创新投资的影响：路径分析

表 4.13 中介检验系数汇总表（工具变量法）

		模型 4.5	模型 4.7	模型 4.10		Sobel 检验
		Hat_CSR 系数	Hat_CSR 系数	Hat_CSR 系数	KZ 系数	Z 值
融资约束	创新投资强度	0.148***	0.489***	0.568***	0.894***	2.94***
	创新投资产出	0.284***	0.489***	0.235***	0.764***	3.28***
	创新投资绩效	1.146***	0.489***	1.260***	0.235	1.150
		模型 4.5	模型 4.6	模型 4.9		Sobel 检验
		Hat_CSR 系数	Hat_CSR 系数	Hat_CSR 系数	Grant 系数	Z 值
政府补贴	创新投资强度	0.148***	0.035***	0.056***	0.257***	2.580***
	创新投资产出	0.284***	0.035***	0.146***	0.683***	3.360***
	创新投资绩效	1.146***	0.035***	1.532***	0.479	1.790
		模型 4.5	模型 4.8	模型 4.11		Sobel 检验
		Hat_CSR 系数	Hat_CSR 系数	Hat_CSR 系数	TAT 系数	Z 值
代理成本	创新投资强度	0.148***	0.048***	0.279***	0.753	1.350
	创新投资产出	0.284***	0.048***	0.326***	0.624	1.170
	创新投资绩效	1.146***	0.048***	0.064***	0.326***	2.530***

注：*、**、***分别代表在 10%、5%、1%水平上显著。

本章小结

本章分析并实证检验了企业社会责任影响创新投资的实现路径。第一，在政府补贴、融资约束和代理成本理论视阈下，探索企业社会责任对创新投资的影响。第二，针对需要检验的内容进行研究设计，包括数据来源、样本选择以及构建中介效应模型。第三，以我国 A 股上市公司的面板数据为研究样本，通过构建回归分析模型，对研究假设进行检验分析。第四，对本次回归分析结果进行稳健性检验。

研究发现，企业社会责任对创新投资的影响是通过政府补贴、融资约束和代理成本三个路径实现的。具体而言，在创新投资强度方面，企业社会责任通过政府补贴、融资约束两个路径实现了影响，代理成本的中介效应并不显著；在创新投资产出方面，企业社会责任通过政府补贴、融资约束两个路径实现了影响，代理成本的中介效应并不显著；在创新投资绩效方面，企业社会责任通过代理成本路径实现了影响，融资约束和政府补贴路径并不显著。

第五章 企业社会责任对创新投资的影响：拓展分析

从前述章节的文献整理和分析来看，企业所处的行业及所在区域的经济社会发展水平会影响企业社会责任的履行、创新投资强度、创新投资产出以及创新投资绩效。因此，在实证研究的基础之上，结合理论分析，本章研究市场结构与地区市场化水平对企业社会责任对创新投资影响机制的调节效应。

第一节 问题的提出

创新投资是企业的个体经营行为，企业的经营受外部市场和制度环境的影响。由于技术创新成果的外溢性，技术创新成果尤其需要知识产权的保护，以鼓励企业创新。传统产业组织理论认为，一个相对合理的市场结构能够促进企业的技术创新。在熊彼特之后，市场结构和技术创新的关系研究逐渐成为西方产业组织理论研究的热点。

本书将市场结构和地区市场化水平引入企业社会责任对创新投资影响机制的研究，利用 2009—2016 年我国 A

股上市公司的数据，探讨市场结构与地区市场化水平对企业社会责任对创新投资影响机制的调节效应。这对于评价外部环境对创新的影响以及有针对性地优化企业创新投资具有一定的现实意义。

第二节 研究假设

借助前文的文献综述和理论阐释，本节从理论分析的角度研究不同市场结构和地区市场化水平对企业社会责任与创新投资关系的调节效应。

一、市场结构的调节效应

产业经济学理论认为市场结构是解释不同行业之间存在生产率差异的重要因素之一，也有学者认为市场结构是"促进生产效率提升的重要力量"（Shleifer and Vishny, 1997）。广义的市场结构是指特定市场中影响买卖双方之间、买方之间以及卖方之间相互关系的各类因素的统称。学术界则从狭义的角度将市场结构定义为市场中企业与消费者以及企业与企业之间的关系特征（魏后凯，2002）。一般而言，市场结构的考察指标主要有产业壁垒、产品差异性、规模经济以及市场集中，其中市场集中是市场结构研究重点关注的指标。按照市场集中程度的不同，可以将市场简单地分为完全竞争、垄断竞争、寡头垄断和完全垄断。竞争对市场内的企业行为有着较为重要的影响，西方古典经济学就认为在完全竞争的市场中可以实现帕累托最优,市场最有效率。福利经济学家 Arrow 早在 1962 年就指出,企业在完全竞争的市场中进行创新所获取的收益远大于垄断市场,也就是说完全竞争的市场更能激发企业进行创新。

Neal 和 Wong(2017)的研究表明,在竞争激烈的行业中,企业的信息不对称问题得到了很大程度的缓解,外部市场对公司治理水平有着很强的促进作用。当外部产品市场竞争水平较高时,企业面临的风险也相应提高,其投资效率一般也较高。外部产品市场竞争一方面提升了企业经营风险,促使企业在经营中更为高效和谨慎;另一方面也要求企业不断提升其创新投入的水平来维持竞争优势。彭昌奇(2009)研究发现,在竞争较为激烈的行业中,企业进行的 R&D 支出要远高于低竞争行业。当行业垄断水平较高时,企业可以借助垄断地位获取垄断利润,而无须通过创新投资争取竞争优势。

此外,童牧(2004)认为处于高竞争行业中的企业管理层面临着"清算威胁效应",即竞争程度越高的企业,其面临破产清算的可能性就越高。这种破产清算意味着管理层在承受财富损失的同时,也要受到企业破产对其职业声誉和未来任职的不利影响。因此,高竞争行业所产生的清算威胁效应会有效地迫使管理层提升其对企业经营的精力投入,同时尽可能规避低效率投资项目,并且根据长期经营的目标来选择项目。基于此,本书提出了研究假设 5.1。

假设 5.1:相较于低竞争市场中的企业,高竞争市场中的上市公司其企业社会责任与创新投资之间的正相关性更为明显。

二、地区市场化水平的调节效应

企业的经营发展受很强的外部制度环境的影响。新制度经济学理论认为，外部制度环境会对企业产生激励作用，良好的外部制度环境可以对企业产生正向激励，促进其发展和经营；较差的外部制度环境则会对企业产生负向激励，降低其经营发展的动力。市场化水平是企业经营和发展中最重要的外部制度因素之一。市场化要求企业在经营发展中充分利用市场机制的作用，通过市场的力量实现资源的最优配置；同时，与市场相对的政府则在企业发展和经营中发挥补充作用，当市场运作失灵时需要政府介入，通过制度约束、司法干预等手段弥补市场的缺陷，促进帕累托最优状态的实现。因此，从这个意义上来说，市场化既要求市场在资源配置和资本流通中发挥主导作用，还要求政府能够及时、高效地对市场失灵问题做出反应，进行有效的弥补。可以说，地区市场化水平的高低对资源配置效率有着重要的影响。当市场化较高时，企业在经营上具有很强的自主性，能够根据利润最大化原则行事，同时政府对产权的保护可以有效缓解市场失灵带来的效率损失（方军雄，2007）。

在我国特殊的政治和经济体制背景下，市场化本身对政府干预存在着很强的替代作用，二者之间更多的是挤出关系而非互补关系。冯天丽、井润田（2009）的研究表明，当地区市场化水平较低时，政府对经济和企业的干预程度较高。此时，企业管理层有动机通过与地方政府建立良好的政企关系来获取资源的优先配置，特别是在信贷等稀缺资源掌握在政府手中的情况下，企业管理层会积极融入，成为政府机构的内部人。此外，我国企业普遍存在着较为严重的融资约束问题，尤其是民营企业，在这种情况下资金的配置受市场化水平的影响较大，当地区市场化水平较高时，政府对信贷配置的干预力度降低，使得资金向经营较好、投资效率较高的民营企业流动，有效缓解企业的融资约束问题（杨兴全，2009）。

从创新投资的角度来看，市场化水平会对创新投资产生积极的促进作用。具体而言，市场化水平较高的地区，在产权保护、融资效率等方面有着很大的优势，有助于对企业创新产生正向的激励作用（冯永晟，2011）。纪晓丽（2011）利用我国上市公司数据进行研究，发现企业所处地区的市场化水平对创新投资有着重要的影响。地区市场化水平越高，企业的 R&D 投入水平越高。成力为、孙玮（2012）研究发现，市场化水平越高的地区，其资源流动的效率越高，生产要素的配置也更为优化，因而能够很大程度上提升地区内企业的投资效率和投资规模。同时，地区市场化水平还直接影响了该地区内对知识产权的保护水平；市场化水平越高的地区，其企业创新成果受到政府及法律的保护越多，相应的创新激励就越强。基于此，本书提出了研究假设5.2。

假设5.2：相较于低市场化水平地区的上市公司，高市场化水平地区的上市公司其企业社会责任与创新投资之间的正相关性更为明显。

第三节　研究设计

为了验证前文提出的假设，本节详细介绍了样本选取与数据来源、变量定义及说明、实证模型的构建以及相关实证方法。

一、变量设定

（一）被解释变量

创新投资强度（RD）：见第三章第三节。
创新投资产出（$Patent$）：见第三章第三节。
创新投资绩效（RDP）：见第三章第三节。

（二）解释变量

企业社会责任（CSR）：见第三章第三节。

（三）中介变量

政府补贴（$Grant$）：见第三章第三节。
融资约束（$Constraint$）：见第三章第三节。
代理成本（$Agency$）：见第三章第三节。

(四)调节变量

市场结构（Industry）：借鉴 Nickell（1996）、李青原等（2007）和韩忠雪等（2011）的研究成果，本书认为市场结构的代理变量可以选择行业集中度，测量指标为赫芬达尔指数。市场上全部企业的市场份额平方和即为赫芬达尔指数，其计算公式为：

$$HHI = \sum_{i=1}^{N} \left(\frac{X_i}{X}\right)^2 \qquad (5.1)$$

其中：

N——某产业内的企业数量，X_i 为第 i 个企业的规模，X 为市场总规模。

在分析样本企业规模和市场总规模时，其计算指标为销售收入。HHI 越小，说明市场存在较为激烈的竞争；HHI 越大，说明市场集中度较高，存在垄断。为了处理的简洁性，本书选取 HHI 的中位数作为划分标准，将22个行业分为高竞争行业和低竞争行业。

地区市场化水平（Market）：地区市场化水平作为制度因素，不但会影响地区内上市公司的企业社会责任披露情况以及创新投资活动的开展，还能反映地方政府对企业经营的管理幅度。出于研究数据的可得性，在参照以往文献的基础上，本书选取樊纲、王小鲁编制的《中国分省份市场化指数报告（2016）》中"市场化进程指数"作为各省份地区市场化水平的代理变量，并根据市场化水平的高低将上市公司所在省份分为市场化水平较高和较低两个组别。

（五）主要控制变量

产权性质（$State$）：见第三章第三节。

董事会独立性（$Independent$）：见第三章第三节。

财务杠杆（$Leverage$）：见第三章第三节。

企业规模（$Size$）：见第三章第三节。

机构持股（$Institution$）：见第三章第三节。

现金持有量（$Cash$）：见第三章第三节。

表5.1为主要变量的定义和计算方法。

表5.1

变量	定义	计算方法
被解释变量		
RD	创新投资强度	企业R&D支出/期末总资产
$Patent$	创新投资产出	专利申请数量加1取对数
RDF	创新投资绩效	企业当年专利申请数量/上一年度的R&D支出
解释变量		
CSR	企业社会责任评分	润灵环球责任评级指数中的评分
中介变量		
$Grant$	政府补贴	企业获得的政府补贴金额的自然对数
KZ	K&Z指数	经营性净现金流、托宾Q、现金持有等指标进行加权求和

续表5.1

变量	定义	计算方法
TAT	总资产周转率	营业收入/总资产
主要控制变量		
$State$	产权性质	当为国有企业时取值为1,否则为0
$Independent$	董事会独立性	独立董事人数/董事会总人数
$Leverage$	财务杠杆	总负债/总资产
$Size$	企业规模	企业期末总资产的自然对数
$Cash$	现金持有量	经营现金流与总资产的比值
$Institution$	机构持股	机构持股为机构投资者持股与企业总股数的比值
调节变量		
$Industry$	市场结构	当为竞争性行业时取值为1,否则为0
$Market$	地区市场化水平	地区市场化水平高于中位数取值为1,否则为0

二、样本选取与数据来源

见第三章第三节。

三、模型构建

(一) 调节效应检验方法

当自变量与因变量之间系数的大小或方向受到其他因素的影响时,这个其他因素就是调节变量。调节效应所要检验的就是自变量在何种条件下会影响因变量,它界定了自变量和因变量之间关系的边界条件，既可以是质化形式的变量，也可以是量化形式的变量。图5.1为调节效应的作用原理示意图（卢谢峰，韩立敏，2007）：

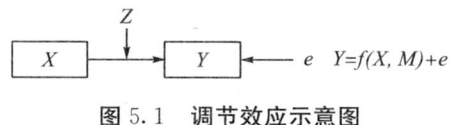

图 5.1 调节效应示意图

当自变量和调节变量均为类别变量时，此时的调节效应检验应当作方差分析，如果调节变量和自变量之间的交互效应非常显著，就证明该调节变量在自变量和因变量之间的调节效应显著。如果自变量为连续变量，调节变量为类别变量，此时的调节效应检验应当分组回归分析。在回归分析过程中，应当对回归系数进行差异检验和斜率检验。如果其回归系数分析结果表示两个变量之间存在显著差异，则证明调节变量对自变量和因变量之间的关系产生了显著的调节效应。

（二）研究模型设定

根据前述调节效应研究思路，本书参考 Cleary（1999）和连玉君等（2010）的研究，利用分组回归的方式检验市场结构以及地区市场化水平的调节效应是否存在。具体而言，按照市场结构分为高竞争组和低竞争组；按照地区市场化水平分为高市场化组和低市场化组。在此基础上对分组进行估计，并利用似无相关模型（SUE）对每一类分组进行回归系数比较。

第四节 实证结果分析

本节通过实证分析对前文提出的假设进行检验。对企业社会责任按照调节变量分组进行了描述性统计分析,得到变量的分布特征,并利用调节效应模型分别检验市场结构和地区市场化水平对企业社会责任之于创新投资影响的调节效应,并对回归结果进行稳健性检验。

一、描述性统计分析

表5.2、表5.3给出了2009—2016年样本公司平均承担社会责任的情况。

从市场结构来看,表5.2显示高竞争行业与低竞争行业的企业占比分别为80%和20%。从企业社会责任评分情况来看,在高竞争行业中,评分在A-到A+++级别的企业所占比例达到了8.0%,低竞争行业的企业在该级别的比例只有1.4%,远低于前者。评分在B-到B+++级别的低竞争行业与高竞争行业差别并不明显。在C-到C+++级别内,高竞争企业中只占0.7%,低竞争企业则占高达14.7%的比例。这就意味着从市场结构来看,高竞争行业中企业的社会责任评分要明显高于低竞争行业,这主要反映在高竞争行业中只有少量的企业评分情况极差,而在低竞争行业中这一比例偏高。因此,整体而言高竞争行业中的企业更加注重社会责任的提升。

表 5.2　企业社会责任评分情况表（基于市场结构）

评分等级	高竞争企业		低竞争企业		总计	
	个数	占比	个数	占比	个数	占比
A－至A＋＋＋	23	8.0%	1	1.4%	24	6.6%
B－至B＋＋＋	263	91.3%	62	83.9%	325	90.0%
C－至C＋＋＋	2	0.7%	11	14.7%	13	3.4%
小计	288	80.0%	74	20.0%	362	100.0%

从地区市场化水平来看，表5.3显示地区市场化水平较高与较低的企业占比分别为75.1%和24.9%。在市场化水平较高的地区，其企业数目远高于较低的地区。从企业社会责任评分情况来看，在市场化水平较高的地区中评分在A－到A＋＋＋级别的企业所占比例达到了7.0%，市场化水平较低地区的企业在该级别的比例只有4.0%，远低于前者。评分在B－到B＋＋＋级别的高市场化水平地区与低市场化水平地区的差别并不明显。在C－到C＋＋＋级别内，在高市场化水平的地区中只有0.4%的企业，低市场化水平则占高达14%的比例。这就意味着从地区市场化水平来看，高市场化水平的地区中企业的社会责任评分要明显高于低市场化水平的地区，这主要反映在市场化水平较高的地区中只有少量的企业评分情况极差，而在市场化水平较低的地区中这一比例偏高。因此，整体而言在高市场化水平的地区中企业更加注重社会责任的提升。

表5.3 企业社会责任评分情况表（基于地区市场化水平）

评分等级	地区市场化水平较高		地区市场化水平较低		总计	
	个数	占比	个数	占比	个数	占比
A-至A+++	20	7.0%	4	4.0%	24	6.6%
B-至B+++	251	92.6%	74	82.0%	325	90.0%
C-至C+++	1	0.4%	12	14.0%	13	3.4%
小计	272	75.1%	90	24.9%	362	100.0%

二、回归分析

本章利用调节中介效应模型，检验市场结构和地区市场化水平对企业社会责任与创新投资关系的调节效应。

（一）企业社会责任对创新投资强度影响的调节效应回归分析

表5.4给出了按照市场结构分组回归的结果，其中回归（1）呈现了全样本回归的结果，回归（2）为低竞争组，回归（3）为高竞争组。从结果来看，低竞争组中企业社会责任与创新投资强度之间的关系并不显著，企业社会责任（CSR）系数为正值0.125；高竞争组中企业社会责任与创新投资强度之间在1%的水平上显著具有正向相关性，企业社会责任（CSR）系数为正值0.149。但从显著性水平来看，企业社会责任对创新投资强度的提升效应在高竞争组中更为明显。为了对比企业社会责任（CSR）系数组间的差异性，本书采用了似无相关模型进行组间系

数差异性检验，结果显示 P 值为 0.000，拒绝了"企业社会责任系数在组间相等"的假设。因此，可以得出相应的结论，即相较于低竞争行业的企业，企业社会责任对创新投资强度的提升效应在高竞争行业中更为明显。

表 5.4 市场结构的调节效应（创新投资强度）

变量	模型 5.1 回归（1） 全样本	模型 5.1 回归（2） 低竞争组	模型 5.1 回归（3） 高竞争组
CSR	0.121***	0.125	0.149***
	(3.560)	(0.270)	(3.980)
$Cash$	0.975***	0.873***	0.913***
	(2.850)	(2.580)	(2.790)
$Independent$	3.345***	3.769***	3.215***
	(9.520)	(11.270)	(9.140)
$Leverage$	−2.543***	−2.364***	−2.759***
	(−15.500)	(−13.320)	(−17.230)
$Size$	0.568***	0.648**	0.368***
	(−8.460)	(−8.480)	(−5.270)
$Institution$	1.765***	1.516***	1.832***
	(4.760)	(4.220)	(5.120)
N	362	74	288
行业/年度	控制	控制	控制
$Adjusted-R^2$	0.482	0.321	0.482
F 值	63.634	59.492	69.386
SUE		chi2 (1) =45.230	Prob>chi2=0.000

注：*、**、***分别代表在10%、5%、1%水平上显著。

表 5.5 给出了按照地区市场化水平分组回归的结果，其中回归（1）呈现了全样本回归的结果，回归（2）为低市场化组，回归（3）为高市场化组。从结果来看，低市场化组中，企业创新投资强度和社会责任之间并不存在显著相关性，企业社会责任（CSR）系数为正值 0.098；高市场化组中企业社会责任与创新投资强度之间在 1% 的水平上显著具有正向相关性，企业社会责任（CSR）系数为正值 0.176。单从显著性水平来看，企业社会责任对创新投资强度的提升效应在高市场化组中更为明显。为了对比企业社会责任（CSR）系数组间的差异性，本书采用了似无相关模型进行组间系数差异性检验，结果显示 P 值为 0.000，拒绝了"企业社会责任系数在组间相等"的假设。因此，可以得出相应的结论，即相较于低市场化地区的企业，企业社会责任对创新投资强度的提升效应在高市场化地区更为明显。

表 5.5 地区市场化的调节效应（创新投资强度）

变量	模型 5.1 回归（1） 全样本	模型 5.1 回归（2） 低市场化组	模型 5.1 回归（3） 高市场化组
CSR	0.121***	0.098	0.176***
	(3.560)	(0.580)	(4.290)
$Cash$	0.975***	0.892***	0.937***
	(2.850)	(3.330)	(2.650)
$Independent$	3.345***	3.178***	3.613***

续表5.5

变量	模型 5.1 回归（1） 全样本	模型 5.1 回归（2） 低市场化组	模型 5.1 回归（3） 高市场化组
	(9.520)	(9.090)	(10.470)
$Leverage$	−2.543***	−2.379***	−2.647***
	(−15.500)	(−14.790)	(−15.760)
$Size$	0.568***	0.634***	0.513***
	(−8.460)	(−8.980)	(−7.320)
$Institution$	1.765***	1.537***	1.783***
	(4.760)	(4.150)	(4.980)
N	362	90	272
行业/年度	控制	控制	控制
$Adjusted-R^2$	0.482	0.321	0.482
F 值	63.634	54.693	73.542
SUE		chi2(1)=41.360	Prob>chi2=0.000

注：*、**、***分别代表在10%、5%、1%水平上显著。

（二）企业社会责任对创新投资产出影响的调节效应回归分析

表5.6给出了按照市场结构分组回归的结果，其中回归（1）呈现了全样本回归的结果，回归（2）为低竞争组，回归（3）为高竞争组。从结果来看，低竞争组中企业社会责任与创新投资产出之间的关系并不显著，企业社会责任（CSR）系数为正值0.148；高竞争组中企业社会

责任与创新投资产出之间在1%的水平上显著具有正向相关性，企业社会责任（CSR）系数为正值0.318。但从显著性水平来看，企业社会责任对创新投资产出的提升效应在高竞争组中更为明显。为了对比企业社会责任（CSR）系数组间的差异性，本书采用了似无相关模型进行组间系数差异性检验，结果显示P值为0.000，拒绝了"企业社会责任系数在组间相等"的假设。因此，可以得出相应的结论，即相较于低竞争行业的企业，企业社会责任对创新投资产出的提升效应在高竞争行业中更为明显。

表5.6 市场结构的调节效应（创新投资产出）

变量	模型5.1 回归（1） 全样本	模型5.1 回归（2） 低竞争组	模型5.1 回归（3） 高竞争组
CSR	0.245***	0.148	0.318***
	(2.980)	(0.310)	(3.210)
$Cash$	0.233***	0.169**	0.297***
	(3.340)	(2.010)	(3.340)
$Independent$	3.235***	1.325**	3.248***
	(12.340)	(1.870)	(12.150)
$Leverage$	−2.367***	−2.159***	−2.648***
	(−12.320)	(−10.270)	(−12.750)
$Size$	0.357***	0.216***	0.479***
	(6.370)	(6.060)	(6.980)
$Institution$	1.368***	1.064***	1.769***

续表5.6

变量	模型5.1 回归（1） 全样本	模型5.1 回归（2） 低竞争组	模型5.1 回归（3） 高竞争组
	(4.170)	(3.250)	(5.320)
N	362	74	288
行业/年度	控制	控制	控制
$Adjusted-R^2$	0.416	0.321	0.482
F 值	69.561	55.346	67.573
SUE		chi2（1）=68.130	Prob>chi2=0.000

注：*、**、***分别代表在10%、5%、1%水平上显著。

表5.7给出了按照地区市场化水平分组回归的结果，其中回归（1）呈现了全样本回归的结果，回归（2）为低市场化组，回归（3）为高市场化组。从结果来看，低市场化组中企业社会责任与创新投资产出之间的关系在10%的水平上显著，企业社会责任（CSR）系数为正值0.179；高市场化组中企业社会责任与创新投资产出之间在1%的水平上显著具有正相关性，企业社会责任（CSR）系数为正值0.326。单从显著性水平来看，企业社会责任对创新投资产出的提升效应在高市场化组中更为明显。为了对比企业社会责任（CSR）系数组间的差异性，本书采用了似无相关模型进行组间系数差异性检验，结果显示P值为0.000，拒绝了"企业社会责任系数在组间相等"的假设。因此，可以得出相应的结论，即相较于处于低市场化地区的企业，企业社会责任对创新投资产出

的提升效应在高市场化地区更为明显。

表 5.7 地区市场化的调节效应（创新投资产出）

变量	模型 4.1 回归（1） 全样本	模型 4.1 回归（2） 低市场化组	模型 4.1 回归（3） 高市场化组
CSR	0.245***	0.179*	0.326***
	(2.980)	(1.340)	(4.360)
$Cash$	0.233***	0.215***	0.246***
	(3.340)	(3.140)	(3.980)
$Independent$	3.235***	3.284***	3.147***
	(12.340)	(12.650)	(12.140)
$Leverage$	−2.367***	−2.891***	−2.159***
	(−12.320)	(−12.360)	(−12.210)
$Size$	0.357***	0.146	0.479***
	(6.370)	(0.370)	(9.130)
$Institution$	1.368***	1.145***	1.623***
	(4.170)	(3.270)	(5.470)
N	362	90	272
行业/年度	控制	控制	控制
$Adjusted-R^2$	0.416	0.321	0.482
F 值	61.239	44.376	67.368
SUE		chi2(1)=69.130	Prob>chi2=0.000

注：*、**、***分别代表在10%、5%、1%水平上显著。

(三) 企业社会责任对创新投资绩效影响的调节效应回归分析

表5.8给出了按照市场结构分组回归的结果,其中回归(1)呈现了全样本回归的结果,回归(2)为低竞争组,回归(3)为高竞争组。从结果来看,低竞争组中企业社会责任与创新投资绩效之间的关系在10%水平上显著,企业社会责任(CSR)系数为正值1.125;高竞争组中企业社会责任与创新投资绩效之间在1%的水平上显著具有正相关性,企业社会责任(CSR)系数为正值1.973。但从显著性水平来看,企业社会责任对创新投资绩效的提升效应在高竞争组中更为明显。为了对比企业社会责任(CSR)系数组间的差异性,本书采用了似无相关模型进行组间系数差异性检验,结果显示P值为0.000,拒绝了"企业社会责任系数在组间相等"的假设。因此,可以得出相应的结论,即相较于处于低竞争行业的企业,企业社会责任对创新投资绩效的提升效应在高竞争行业中更为明显。

表5.8 市场结构的调节效应(创新投资绩效)

变量	模型5.1	模型5.1	模型5.1
	回归(1)全样本	回归(2)低竞争组	回归(3)高竞争组
CSR	1.651***	1.125*	1.973***
	(3.350)	(1.230)	(3.920)
Cash	0.468***	0.345***	0.533***

续表5.8

变量	模型5.1 回归(1) 全样本	模型5.1 回归(2) 低竞争组	模型5.1 回归(3) 高竞争组
	(3.320)	(3.210)	(3.980)
$Independent$	4.137***	4.032***	4.874***
	(15.270)	(13.320)	(17.230)
$Leverage$	−2.463***	−2.124***	−2.986***
	(−15.980)	(−13.230)	(−17.450)
$Size$	−0.356***	−0.325***	−0.386***
	(−5.580)	(−5.120)	(−5.880)
$Institution$	−1.235***	−1.012***	−1.215***
	(−3.780)	(−3.130)	(−3.980)
N	362	74	288
行业/年度	控制	控制	控制
$Adjusted-R^2$	0.427	0.321	0.482
F 值	78.265	62.421	78.424
SUE		chi2(1)=53.980	Prob>chi2=0.000

注：*、**、***分别代表在10%、5%、1%水平上显著。

表5.9给出了按照地区市场化水平分组回归的结果，其中回归（1）呈现了全样本回归的结果，回归（2）为低市场化组，回归（3）为高市场化组。从结果来看，低市场化组中，企业创新投资绩效和社会责任之间并不存在显著的相关性，企业社会责任（CSR）系数为正值0.368；高市场化组中企业社会责任与创新投资绩效之间在1%的水平上显著具有正向相关性，企业社会责任（CSR）系

数为正值 1.943。单从显著性水平来看，企业社会责任对创新投资绩效的提升效应在高市场化组中更为明显。为了对比企业社会责任（CSR）系数组间的差异性，本书采用了似无相关模型进行组间系数差异性检验，结果显示 P 值为 0.000，拒绝了"企业社会责任系数在组间相等"的假设。因此，可以得出相应的结论，相较于处于低市场化地区的企业，企业社会责任对创新投资绩效的提升效应在高市场化地区中更为明显。

表5.9 地区市场化的调节效应（创新投资绩效）

变量	模型5.1 回归（1）全样本	模型5.1 回归（2）低市场化组	模型5.1 回归（3）高市场化组
CSR	1.651***	0.368	1.943***
	(3.350)	(0.290)	(4.780)
$Cash$	0.468***	0.379***	0.652***
	(3.320)	(3.110)	(4.980)
$Independent$	4.137***	2.163***	6.325***
	(15.270)	(12.240)	(19.450)
$Leverage$	−2.463***	−2.257***	−2.875***
	(−15.980)	(−13.120)	(−17.980)
$Size$	−0.356***	−0.232***	−0.427***
	(−5.580)	(−5.150)	(−6.780)
$Institution$	−1.235***	−1.154***	−1.974***
	(−3.780)	(−2.690)	(−5.540)
N	362	90	272

续表5.9

变量	模型5.1 回归(1) 全样本	模型5.1 回归(2) 低市场化组	模型5.1 回归(3) 高市场化组
行业/年度	控制	控制	控制
$Adjusted-R^2$	0.427	0.321	0.482
F 值	45.146	47.643	68.243
SUE		chi2(1)=67.340	Prob>chi2=0.000

注：*、**、***分别代表在10%、5%、1%水平上显著。

本章小结

本章分析并实证检验了企业社会责任对创新投资影响的调节效应。首先，从理论分析的角度探究了市场结构和地区市场化水平对上述关系的调节效应。其次，针对需要检验的内容进行了研究设计，包括数据来源、样本选择以及构建调节效应模型。最后，用我国A股上市公司的数据为研究样本进行回归分析，对假设进行检验。

通过研究可以发现，在市场结构方面，相较于低竞争市场中的企业，高竞争市场中的上市公司其企业社会责任与创新投资之间的正相关性更为明显。在地区市场化水平方面，相较于低市场化地区的上市公司，高市场化地区的上市公司其企业社会责任与创新投资之间的正相关性更为明显。

结　论

本书通过对前人文献的分析梳理，发现当前研究中对企业社会责任与创新投资关系的认识存在较多不足，对企业社会责任的界定及其与创新投资决策不同维度之间关系的差异、联系及影响因素目前还未形成系统性的研究成果。基于前人的研究，本书归纳整理了相关文献，分析了创新投资决策和企业社会责任之间的影响，对相关概念进行了界定，并从政府补贴、融资约束以及代理成本等理论归纳出与本研究密切相关的思想与观点，提出了相应的假设，并构建回归分析模型验证了该假设。其后分别从企业社会责任对创新投资强度的影响、企业社会责任对创新投资产出的影响以及企业社会责任对创新投资绩效的影响三个角度进行了实证分析，得出了较有意义的研究结论。

一、主要结论

通过实证检验企业社会责任对创新投资强度、创新投资产出和创新投资绩效等维度的影响，得出以下研究结论。

第一，对于企业社会责任与创新投资之间的关系，实证结果表明，企业社会责任对创新投资产生了积极的影响，这就意味着企业社会责任评分越高的上市公司，其创新投资强度越大、创新投资产出越多、创新投资绩效越高。这一结论在控制了可能存在的反向因果关系和遗漏变量两种内生性问题的情况下依然成立。以往研究类似主题的文献大都忽略了对内生性问题的关注，导致结论可靠性不足，本书对内生性控制的处理方法可以有效克服前人研究的不足。

第二，对于企业社会责任作用于创新投资的机制，借助中介效应模型进行研究，发现企业社会责任对创新投资的影响主要是通过政府补贴、融资约束和代理成本三个路径实现的。具体而言，首先，在创新投资强度方面，代理成本路径的中介效应并不显著，企业社会责任通过政府补贴、融资约束两个路径实现了影响。良好的企业社会责任能够使企业更容易获取创新方面的资金，提升企业进行创新投资可利用的外部融资数量，同时也意味着企业从事创新活动对内部资金的依赖度降低，能够进行大规模的创新投资。企业积极履行社会责任有助于获得政府补贴，产生资源和信号作用，提升企业创新投资的强度。其次，在创新投资产出方面，企业社会责任通过政府补贴、融资约束两个路径实现了影响，代理成本路径并不显著。政府补贴提升了企业进行创新的资金支持，可以获得更多的创新投资产出，同时也意味着企业的创新活动和方向得到了政府部门的支持，从而有效提升上市公司创新投资的认可度和产出数量。融资约束的缓解有助于企业创新投资资金的持续供应，这是创新投资获得成果的前提和基础。最后，在创新投资绩效方面，企业社会责任通过代理成本路径实现了影响，融资约束和政府补贴路径并不显著。良好的企业社会责任意味着上市公司代理问题更为缓和，从而有效降低了内部代理成本，提升了创新投资效率和投资绩效。

第三，对于市场结构以及地区市场化水平产生的调节效应，实证结果表明，企业社会责任对创新投资的积极影响在高竞争行业以及市场化水平较高的地区更为明显。

针对上述实证结果，本书认为，企业社会责任并不仅仅是企业外在形象和文化的体现，其本身也影响着企业的代理成本、融资约束以及政府补贴。企业应该积极承担对其他利益相关者的社会责任，充分利用企业社会责任在提升代理成本水平、缓解融资约束以及获取政府补贴方面的积极效果，以更好地发挥企业社会责任在创新投资中的作用。

二、建议措施

（一）树立科学的企业社会责任理念

企业在运营管理过程中应注重自身经济价值与社会价值的统一，突破"股东至上"与"利润最大化"的片面认知，使企业社会责任理念真正根植并内生于企业的运营管理与实践当中，在企业经营管理实践过程中充分考虑利益相关方的诉求，最大限度地为利益相关方创造价值。

企业尤其是高新技术企业为了改善创新投资效果，应该在经营过程中加强对社会责任活动的参与度和信息披露程度，这样可以有效减少与投资者的信息不对称问题，向地方政府或者潜在投资者释放良好的信号。同时，企业社会责任的履行还可以有效提升公司内部治理水平，弱化普遍存在的代理问题，有效提升创新投资效率和投资绩效。因此，企业积极履行社会责任活动，并不是违背"利润最大化"的目标；相反，良好的社会责任形象可以提升企业创新投资能力，对企业的长期发展和获取竞争优势起着重要的推动作用。

（二）制定规范的企业社会责任披露标准

我国已有的企业社会责任方面的规章制度，如《上市公司社会责任指引》《关于加强上市公司社会责任承担工作暨发布〈上海证券交易所上市公司环境信息披露指引〉的通知》，只是在宏观上予以指导性与方向性的指引，操作性较差，使得企业在认知理解上或实际操作过程中出现偏差。因此，政府应从制度建设层面引导企业在关注自身发展与经济利益的同时，更多地关注社会利益，推动企业经济利益与社会利益的和谐发展，尤其是在大数据、人工智能、云计算等技术背景下，加快制定具有前瞻性、可操作性的企业社会责任披露标准；对于未按照要求披露企业社会责任报告的企业，应制定相应的惩罚措施。

同时，政府应深化"放管服"改革，建设人民满意的公共服务型政府，以为经济建设提供良好的发展环境，为企业创新投资活动保驾护航。

(三) 多方面完善企业社会责任治理体系

从本书研究的样本企业社会责任报告数据的完备性来看，我国企业社会责任报告从披露数量来看增长较快，但信息质量不容乐观，缺乏必要的评估或高水平的鉴证，应通过第三方机构根据国家或者地方通用的标准、程序对企业社会责任报告的质量进行评分，以更好地发挥企业社会责任报告的效用。

同时，应形成政府、企业与其他利益相关方协同合作的企业社会责任行为治理监督体系。具体来讲，企业、政府与其他利益相关方基于资源共享与信息互动，协同推进企业社会责任的可持续发展。

(四) 完善企业治理结构

完善企业治理结构有利于其社会责任的履行，如完善董事会制度、引入职工参与机制等，企业应该加强内部管理，逐步完善其治理结构，正确处理企业内部关系以及企业上下游产业链的关系，发挥企业社会责任的效用。

三、研究局限与展望

本书对企业社会责任与创新投资决策之间的关系进行了深入的研究，并引入市场结构和地区市场化水平以探索其对企业社会责任与创新投资决策关系的调节效应，具有一定的理论和实践意义。由于研究的工具、数据和方法等方面存在的主观与客观问题，导致本书的研究还存在一些不足，期望可以在未来的研究中进一步完善。

第一，在研究内容上，本书仅从政府补贴、融资约束和代理成本的视角考察了企业社会责任对创新投资的影响。事实上，企业社会责任与创新投资之关系的产生机制很多，如声誉机制、信息不对称等。

第二，在变量测量上，本书在测度政府补贴方面只使用了单一变量，事实上税收优惠等也是政府补贴的一种形式，后续研究可以将其纳入。同时，本书在测度市场结构这一调节变量时，也只选用了行业竞争维度来度量，而表征市场结构的代理变量还有很多。

第三，在数据的获取方面，由于上市公司企业社会责任数据披露的自愿性和非强制性，数据可获得性较差，本书通过润灵环球科技获取的数据仅为2009—2016年，有一定的局限性。

第四，本书根据创新投资决策的过程将其分为创新投资强度、创新投资产出和创新投资绩效三个维度，并分别探索了企业社会责任在其中的作用机制。然而，研究发现创新投资绩效表现出中等区间的企业差异不大，而处于极端区间的企业之间差距明显的特点，这可能是由于创新投资的门限效应导致的，未来的研究中亦可以考虑企业社会责任、创新投入强度与创新投资绩效之间传导效应的模型构建，以更加深入地挖掘企业社会责任与创新投资决策之间的关系。

参考文献

一、中文文献

白俊红. 中国的政府 R&D 资助有效吗？——来自大中型工业企业的经验证据 [J]. 经济学（季刊），2011（10）.

白旭云. 企业 R&D 投入行为的 Heckman 两阶段分析——基于中国工业企业面板数据的实证研究 [J]. 商业经济与管理，2014（5）.

蔡地，黄建山，李春米，刘衡. 民营企业的政治关联与技术创新 [J]. 经济评论，2014（2）.

曹裕. 产品市场竞争、控股股东倾向和公司现金股利政策 [J]. 中国管理科学，2014，22（3）.

陈红，杨凌霄. 金字塔股权结构，股权制衡与终极股东侵占 [J]. 投资研究，2012，31（3）.

陈丽霖. 治理结构、R&D 投入与企业绩效的关系研究 [D]. 上海：复旦大学，2010.

陈爽英，井润田，龙小宁，邵云飞. 民营企业家社会关系资本对研发投资决策影响的实证研究 [J]. 管理世界，2010（1）.

陈有华，聂普焱，彭璧玉. 债务约束下的企业广告与 R&D 投资研究 [J]. 中国管理科学，2015，23（12）.

陈悦，朱晓宇，刘则渊. 董事会资本与企业绩效关系的实证研究 [J]. 大连理工大学学报（社会科学版），2015（4）.

戴勇，朱桂龙. 以吸收能力为调节变量的社会资本与创新绩效研究——基于广东企业的实证分析 [J]. 软科学，2011，25（1）.

杜兴强，曾泉，杜颖洁. 政治联系对中国上市公司的 R&D 投资具有"挤出"效应吗？ [J]. 投资研究，2012（5）.

方杰，张敏强，邱皓政. 中介效应的检验方法和效果量测量：回顾与展望 [J]. 心理发展与教育，2012，28（1）.

方杰，张敏强. 中介效应的点估计和区间估计：乘积分布法、非参数 Bootstrap 和 MCMC 法 [J]. 心理学报，2012，44（10）.

冯家丛，范馨月，尹贺. 研发投入对高科技公司价值的提升研究——基于滞后性分析与板块效应对比 [J]. 商业会计，2017（9）.

葛红玲，熊晶. 产业组织理论与资本结构理论融合研究综述 [J]. 北京工商大学学报（社会科学版），2012（1）.

龚辉锋，茅宁. 咨询董事、监督董事与董事会治理有效性 [J]. 管理科学学报，2014（2）.

顾国爱，魏法杰，单伟. 企业研发经费对专利能力影响的分类研究——基于 2010 年创新型企业的实证分析 [J]. 科学学研究，2012（8）.

韩忠雪，周婷婷. 产品市场竞争、融资约束与公司现金持有：基于中国制造业上市公司的实证分析［J］. 南开管理评论，2011（4）.

郝颖，李静明. 我国上市公司资本投向分布与结构效率研究——追溯产权控制路径的实证考察［J］. 经济与管理研究，2011（8）.

何强，陈松. 董事会学历分布与R&D投入：基于制造业上市公司的实证研究［J］. 软科学，2011（2）.

何玉润，林慧婷，王茂林. 产品市场竞争、高管激励与企业创新——基于中国上市公司的经验证据［J］. 财贸经济，2015（2）.

胡国柳，刘向强. 管理者过度自信与企业金融行为研究述评［J］. 财贸研究，2011，22（5）.

胡艳，马连福. 创业板高管激励契约组合、融资约束与创新投入［J］. 山西财经大学学报，2015，37（8）.

黄珺，黄妮. 过度投资、债务结构与治理效应——来自中国房地产上市公司的经验证据［J］. 会计研究，2012（9）.

姜宁，黄万. 政府补贴对企业R&D投入的影响——基于我国高技术产业的实证研究［J］. 科学学与科学技术管理，2010，31（7）.

解维敏，魏化倩. 市场竞争、组织冗余与企业研发投入［J］. 中国软科学，2016（8）.

金星. 企业规模与研发投入结构的理论与实证研究——基于企业知识和产品市场的视角［J］. 科学学研究，2011，29（7）.

李传宪, 张倩. 研发投入、产权属性与企业绩效关系研究 [J]. 会计之友, 2015 (9).

李春涛, 宋敏. 中国制造业企业的创新活动：所有制和 CEO 激励的作用 [J]. 经济研究, 2010 (5).

李春涛, 薛原. 企业社会责任与财务绩效——来自中国 A 股上市公司的经验证据 [J]. 经济研究, 2012 (6).

李国勇, 蒋文定, 牛冬梅. CEO 特征与企业研发投入关系的实证研究 [J]. 统计与信息论坛, 2012, 27 (1).

李经路. 股权集中度对研发强度的影响：数理分析与数据检验——对 2007—2014 年 A 股上市公司的观察 [J]. 暨南学报（哲学社会科学版）, 2017, 39 (6).

李培楠, 赵兰香, 万劲波. 创新要素对产业创新绩效的影响——基于中国制造业和高技术产业数据的实证分析 [J]. 科学学研究, 2014, 32 (4).

李维安, 刘振杰, 顾亮. 董事会异质性、断裂带与跨国并购 [J]. 管理科学, 2014 (4).

李维安, 王鹏程, 徐业坤. 慈善捐赠、政治关联与债务融资——民营企业与政府的资源交换行为 [J]. 南开管理评论, 2015, 18 (1).

李小娟. 股权集中度、债务约束与技术创新——基于战略性新兴产业上市公司的经验证据 [J]. 湖南大学学报（社会科学版）, 2016, 30 (4).

李小青, 胡朝霞. 科技创业企业董事会认知特征对技术创新动态能力的影响研究 [J]. 管理学报, 2016, 13 (2).

李小青, 吕靓欣. 董事会社会资本、群体断裂带与企业研发效率——基于随机前沿模型的实证分析［J］. 研究与发展管理，2017，29（4）.

李小青. 董事会认知异质性对企业价值影响研究——基于创新战略中介作用的视角［J］. 经济与管理研究，2012（8）.

李英，赵越，潘鹤思. 技术创新、制度创新与产业演化关系研究综述［J］. 科技进步与对策，2016，33（24）.

李永壮，刘小元. 董事会社会资本与公司成长性分析［J］. 技术经济与管理研究，2012（12）.

李占雷，吴斯. 股权结构、董事会治理与公司成长性——来自中小企业板的实证研究［J］. 经济与管理，2010，24（5）.

李长娥，谢永珍. 产品市场竞争、董事会异质性对技术创新的影响——来自民营上市公司的经验证据［J］. 华东经济管理，2016，30（8）.

李长娥. 董事会多元化、创新战略对民营企业成长的影响［D］. 济南：山东大学，2017.

梁帆. 机构投资者对创业板公司研发支出影响的实证研究［J］. 经济经纬，2015，32（1）.

梁莱歆，冯延超. 政治关联与企业过度投资——来自中国民营上市公司的经验证据［J］. 经济管理，2010（12）.

梁上坤. 管理者过度自信、债务约束与成本粘性［J］. 南开管理评论，2015，18（3）.

刘浩，唐松，楼俊. 独立董事：监督还是咨询？——银行背景独立董事对企业信贷融资影响研究［J］. 管理世界，2012（1）.

刘圻，杨德伟. 民营企业政治关联影响研发投资的实证研究——来自深市中小板的证据［J］. 财政研究，2012（5）.

刘鑫，薛有志，严子淳. 公司风险承担决定因素研究——基于两权分离和股权制衡的分析［J］. 经济与管理研究，2014（2）.

刘媛媛，黄卓，谢德逊，何小锋. 中国上市公司股权结构与公司绩效实证研究［J］. 经济与管理研究，2011（2）.

刘云，石金涛，组织创新气氛对员工创新行为的影响过程研究——基于心理授权的中介效应分析［J］. 中国软科学，2010（3）.

卢馨. 企业人力资本、R&D与自主创新——基于高新技术上市企业的经验证据［J］. 暨南学报（哲学社会科学版），2013，35（1）.

鲁虹，李晓庆，邢亚楠. 高管团队人力资本与企业成长性关系研究——基于创业板上市公司的实证研究［J］. 科技管理研究，2014（4）.

吕景胜，邓汉. 全流通条件下上市公司股权治理结构对代理成本的影响研究——基于2009年中小板制造类上市公司的经验数据分析［J］. 中国软科学，2010（11）.

吕晓军. 政府补贴与企业技术创新投入——来自2009—2013年战略性新兴产业上市公司的证据［J］. 软科学，2016，30（12）.

马连福，冯慧群. 董事会资本对公司治理水平的影响效应研究［J］. 南开管理评论，2014（2）.

马永斌. 公司治理与股权激励［M］. 北京：清华大学出

版社，2010.

牛君，韩民春. R&D 补贴、专利行为与战略性自主创新政策 [J]. 科技进步与对策，2010，27 (2).

潘越，潘健平，戴亦一. 公司诉讼风险、司法地方保护主义与企业创新 [J]. 经济研究，2015 (3).

彭红星，毛新述. 政府创新补贴、公司高管背景与研发投入——来自我国高科技行业的经验证据 [J]. 财贸经济，2017 (3).

钱雪松，杜立，马文涛. 中国货币政策利率传导有效性研究：中介效应和体制内外差异 [J]. 管理世界，2015 (11).

任海云. 公司治理对 R&D 投入与企业绩效关系调节效应研究 [J]. 管理科学，2011，24 (5).

邵毅平，王引晟. 董事会资本与企业绩效的实证研究——基于 R&D 投资的中介效应视角 [J]. 财经论丛，2015，195 (6).

史欣向，梁彤缨. 社会资本影响了研发效率——基于中国省际面板数据的经验研究 [J]. 科研管理，2013，34 (5).

孙晓华，刘小玲，王昀，白郁婷. "是否研发"与"投入多少"：兼论企业研发投资的两阶段决策 [J]. 管理工程学报，2017 (4).

孙亚南，申毅. 高管激励、公司负债与代理成本——基于我国上市公司的实证研究 [J]. 经济经纬，2015，(5).

谭庆美，魏东一. 管理层权力与企业价值：基于产品市场竞争的视角 [J]. 管理科学，2014 (3).

谭庆美, 吴金克. 资本结构、股权结构与中小企业成长性——基于中小企业板数据的实证分析 [J]. 证券市场导报, 2011 (2).

汤业国. 中国中小上市公司治理与技术创新的关联性研究 [D]. 济南: 山东大学, 2013.

唐清泉, 肖海莲. 融资约束与创新投资——现金流敏感性——基于企业 R&D 异质性视角 [J]. 南方经济, 2012, 30 (11).

汪金祥, 廖慧艳, 吴世农. 企业竞争优势的度量、来源与经济后果——基于中国上市公司的实证研究 [J]. 经济管理, 2014 (11).

王斌, 解维敏, 曾楚宏. 机构持股、公司治理与上市公司 R&D 投入——来自中国上市公司的经验证据 [J]. 科技进步与对策, 2011, 28 (6).

王栋, 汪波, 李晓燕. 新型城镇化视角下地方政府竞争对创新投资影响研究 [J]. 软科学, 2016, 30 (5).

王楠, 何娇, 黄静. 董事会资本、CEO 权力对研发投入的影响——来自创业板上市公司数据的分析 [J]. 商业研究, 2017 (1).

王蓉. 政企关系、政府补助动机及其实施效果文献综述 [J]. 财会通讯, 2011 (9).

王世权. 监事会的本原性质、作用机理与中国上市公司治理创新 [J]. 管理评论, 2011, 23 (4).

王维, 郑巧慧, 乔朋华. 企业家政治关联、研发投入与科技型中小企业成长研究 [J]. 科技进步与对策, 2014 (18).

王文华, 张卓. 金融发展、政府补贴与研发融资约束——来自 A 股高新技术上市公司的经验证据 [J]. 经济与管理研究, 2013 (11).

王烨. 股权控制链、代理冲突与审计师选择 [J]. 会计研究, 2009, (6).

王卓, 宁向东. 研发投入与实际控制人持股比例的关系——基于中国上市公司的实证研究 [J]. 技术经济, 2017 (4).

温军, 冯根福, 刘志勇. 异质债务、企业规模与 R&D 投入 [J]. 金融研究, 2011 (1).

吴国鼎. 实际控制人持股水平、行业竞争性与企业绩效 [J]. 当代经济科学, 2015 (4).

吴俊杰, 戴勇. 企业家社会资本、知识整合能力与技术创新绩效关系研究 [J]. 科技进步与对策, 2013, 30 (11).

吴育辉, 黄飘飘, 陈维, 吴世农. 产品市场竞争优势、资本结构与商业信用支持——基于中国上市公司的实证研究 [J]. 管理科学学报, 2017, 20 (5).

武力超, 孙梦暄, 张晓东. 关系型贷款与企业创新问题的研究——基于 Heckman 两阶段选择模型的分析 [J]. 经济科学, 2015, 37 (1).

肖兴志, 王伊攀, 李姝. 政府激励、产权性质与企业创新——基于战略性新兴产业 260 家上市公司数据 [J]. 财经问题研究, 2013 (12).

谢言, 高山行, 江旭. 外部社会联系能否提升企业自主创新？——一项基于知识创造中介效应的实证研究 [J].

科学学研究，2010（5）.

辛金国，韩秀春. 上市方式、股权结构与企业绩效的实证研究——基于上市家族企业数据的分析［J］. 技术经济与管理研究，2014（1）.

邢立全，陈汉文. 产品市场竞争、竞争地位与审计收费——基于代理成本与经营风险的双重考量［J］. 审计研究，2013（3）.

熊婷，程博，潘飞. CEO权力、产品市场竞争与公司研发投入［J］. 山西财经大学学报，2016，38（5）.

许艳. 产品市场环境、董事背景特征对企业融资约束影响的研究［D］. 长春：吉林大学，2017.

严若森，钱晶晶. 董事会资本、CEO股权激励与企业R&D投入——基于中国A股高科技电子行业上市公司的经验证据［J］. 经济管理，2016（7）.

严子淳，薛有志. 董事会社会资本、公司领导权结构对企业R&D投入程度的影响研究［J］. 管理学报，2015（4）.

杨棉之，马迪. 债务约束、自由现金流与企业过度投资［J］. 统计与决策，2012（2）.

杨洋，魏江，罗来军. 谁在利用政府补贴进行创新？——所有制和要素市场扭曲的联合调节效应［J］. 管理世界，2015（1）.

姚雪婷. 产品市场竞争对企业绿色研发的影响——基于我国重污染行业上市公司［J］. 时代金融，2013（32）.

俞峰，钟昌标. 企业政治资源真的存在诅咒效应吗？——基于中国科技部创新企业数据的经验证据［J］. 南开经济研究，2017（2）．

袁建国，后青松，程晨．企业政治资源的诅咒效应——基于政治关联与企业技术创新的考察［J］．管理世界，2015（1）．

张春流，章恒全．产权性质、代理冲突与股权治理效应［J］．南京社会科学，2013（4）．

张杰，郑文平，翟福昕．竞争如何影响创新：中国情景的新检验［J］．中国工业经济，2014（11）．

张思雪，林汉川．新常态下创新与社会责任对中国产品海外形象的影响研究——基于全球108个国家海外消费者的问卷调查［J］．中国软科学，2017（2）．

张西征．中国企业所有权结构对研发投资影响的研究［J］．管理学报，2013，10（10）．

张兆国，靳小翠，李庚秦．企业社会责任与财务绩效之间交互跨期影响实证研究［J］．会计研究，2013（8）．

赵琳，谢永珍，张雅萌．董事会与R&D投入的权变模型：控股股东类型的调节效应［J］．系统工程，2013（12）．

赵旭峰，温军．董事会治理与企业技术创新：理论与实证［J］．当代经济科学，2011，33（3）．

赵卓嘉．面子对研发人员创新意愿的影响：个体与集体面子的不同作用［J］．财经论丛（浙江财经大学学报），2017（2）．

郑毅，王琳琳，王明华，应丽莹．股权结构与R&D投入的相关性检验——来自创业板市场的经验证据［J］．科技管理研究，2016（24）．

郑长峰. 产权关系、债务期限与会计稳健性 [J]. 会计之友, 2012 (10).

周兵, 徐辉与任政亮, 企业社会责任、自由现金流与企业价值——基于中介效应的实证研究 [J]. 华东经济管理, 2016, 30 (2).

周建, 金媛媛, 刘小元. 董事会资本研究综述 [J]. 外国经济与管理, 2010 (12).

周建, 金媛媛, 袁德利. 董事会人力资本、CEO 权力对企业研发投入的影响研究——基于中国沪深两市高科技上市公司的经验证据 [J]. 科学学与科学技术管理, 2013 (3).

周建, 李小青. 董事会认知异质性对企业创新战略影响的实证研究 [J]. 管理科学, 2012 (6).

周建, 任尚华, 金媛媛, 李小青. 董事会资本对企业 R&D 支出的影响研究——基于中国沪深两市高科技上市公司的经验证据 [J]. 研究与发展管理, 2012 (1).

周瑜胜, 宋光辉. 公司控制权配置、行业竞争与研发投资强度 [J]. 科研管理, 2016, 37 (12).

朱福林, 陶秋燕, 朱晓妹, 何勤. 社会资本强度导致创新绩效与企业成长差异?——基于北京市 200 多家科技型中小微企业的实证研究 [J]. 产经评论, 2016 (5).

朱焱, 张孟昌. 企业管理团队人力资本、研发投入与企业绩效的实证研究 [J]. 会计研究, 2013 (11).

邹辉霞, 刘义. 融资效率、产权性质与研发投入 [J]. 现代财经: 天津财经大学学报, 2015 (2).

左晶晶，钟迪. CEO 管理者权力与公司创新投资——基于中国制造业上市公司与交互效应模型的研究［J］. 中国人力资源开发，2016（15）.

二、英文文献

Adjaoud, F. and W. Ben-Amar, Corporate governance and dividend policy: shareholders' protection or expropriation?［J］. Journal of Business Finance & Accounting, 2010(5—6).

Albareda, L., CSR governance innovation: standard competition-collaboration dynamic［J］. Corporate Governance International Journal of Business in Society, 2013, 13(5).

Alvarez, R., M. Jara and C. Pombo, Do institutional blockholders influence corporate investment? Evidence from emerging markets［J］. Journal of Corporate Finance, 2018(53).

Bae, S. C., K. Chang and H. C. Yi, Corporate social responsibility, credit rating, and private debt contracting: new evidence from syndicated loan market［J］. Review of Quantitative Finance & Accounting, 2017, 50(1).

Bae, S. C., K. Chang and H. C. Yi, The impact of corporate social responsibility activities on corporate financing: a case of bank loan covenants［J］. Applied Economics Letters, 2018(17).

Balachandran, B., et al., Insider ownership and dividend

policy in an imputation tax environment[J]. Journal of Corporate Finance, 2017.

Benlemlih, M., Corporate social responsibility and dividend policy [J]. Research in International Business and Finance, 2018.

Bhojraj, S., P. Sengupta and S. Zhang, Takeover defenses: entrenchment and efficiency[J]. Social Science Electronic Publishing, 2017, 63(1).

Bocquet, R., et al., Are firms with different CSR profiles equally innovative? Empirical analysis with survey data [J]. European Management Journal, 2013, 31(6).

Bocquet, R., et al., CSR, Innovation, and firm performance in sluggish growth contexts: a firm-level empirical analysis[J]. Journal of Business Ethics, 2015.

Booth, L. and J. Zhou, Dividend policy: a selective review of results from around the world [J]. Global Finance Journal, 2017(34).

Brockman, P., J. Tresl and E. Unlu, The impact of insider trading laws on dividend payout policy[J]. Journal of Corporate Finance, 2014(29).

Brown, J. R., G. Martinsson and B. C. Petersen, Do financing constraints matter for R&D? [J]. Social Science Electronic Publishing, 2012, 56(8).

Buchanan, B., C. Cao and C. Chen, Corporate social responsibility, firm value, and influential institutional ownership[J]. Social Science Electronic Publishing, 2018.

Burns, N., B. C. McTier and K. Minnick, Equity—incentive compensation and payout policy in Europe[J]. Journal of Corporate Finance, 2015(30).

Byrne, J. and T. O'Connor, How do creditors respond to disclosure quality? Evidence from corporate dividend payouts[J]. Journal of International Financial Markets, Institutions and Money, 2017(49).

Chemmanur, T. and X. Tian, Do antitakeover provisions spur corporate innovation? A tegression discontinuity analysis [J]. Journal of Financial & Quantitative Analysis, 2018(53).

Chintrakarn, P., P. Jiraporn and J. C. Kim, The effect of corporate governance on CEO luck: evidence from the institutional shareholder services (ISS) [J]. Finance Research Letters, 2013, 10(4).

Chiou, J., Y. Chen and T. Huang, Assets expropriation via cash dividends? Free cash flow or tunneling [J]. China Journal of Accounting Research, 2010(3).

Coculescu, D., Dividends and leverage: How to optimally exploit a non-renewable investment [J]. Journal of Economic Dynamics and Control, 2011, 35(3).

Dutordoir, M., N. C. Strong and P. Sun, Corporate social responsibility and seasoned equity offerings[J]. Journal of Corporate Finance, 2018(50).

Fidrmuc, J. P. and M. Jacob, Culture, agency costs, and dividends[J]. Journal of Comparative Economics, 2010, 38(3).

Florackis, C. and S. Sainani, How do chief financial officers influence corporate cash policies? [J]. Journal of Corporate Finance, 2018(52).

Freund, S., S. Latif and H. V. Phan, Executive compensation and corporate financing policies: evidence from CEO inside debt[J]. Journal of Corporate Finance, 2018(50).

Gao, X. and Y. Jia, Corporate social responsibility and technological innovation [J]. Social Science Electronic Publishing, 2016.

Gelbmann, U., Comparative analysis of innovative CSR tools for SMEs[J]. International Journal of Innovation & Sustainable Development, 2010, 5(1).

Ghoul, S. E., et al., Does corporate social responsibility affect the cost of capital? [J]. Journal of Banking & Finance, 2011, 35(9).

Glegg, C., O. Harris and T. Ngo, Corporate social responsibility and the wealth gains from dividend increases[J]. Review of Financial Economics, 2018.

Gong, G., X. Si and G. Xun, On the value of corporate social responsibility disclosure: an empirical investigation of corporate bond issues in China [J]. Journal of Business Ethics, 2016(4).

Goss, A. and G. S. Roberts, The impact of corporate social responsibility on the cost of bank loans [J]. Journal of Banking & Finance, 2011, 35(7).

Griffin, P. A., H. A. Hong and J. W. Ryou, Corporate innovative efficiency: Evidence of effects on credit ratings [J]. Journal of Corporate Finance, 2018(51).

Harford, J., A. Kecskés and S. Mansi, Do long-term investors improve corporate decision making? [J]. Journal of Corporate Finance, 2018(50).

Harjoto, M., I. Laksmana and R. Lee, Board diversity and corporate social responsibility [J]. Journal of Business Ethics, 2015, 132(4).

Hess K, Gunasekarage A, Hovey M T. State-dominant and non-state-dominant ownership concentration and firm performance: Evidence from China [J]. International Journal of Managerial Finance, 2010, 6(9).

Hsu, P. H., X. Tian and Y. Xu, Financial development and innovation: Cross-country evidence [J]. Journal of Financial Economics, 2014, 112(1).

Huang, J., H. Wei and G. Zhu, The Effect of Corporate Social Responsibility on Cost of Corporate Bond: Evidence from China [J]. Emerging Markets Finance & Trade, 2018, 54(6).

Humphery-Jenner, M., Takeover defenses, innovation, and value-creation: evidence from acquisition decisions [J].

Strategic Management Journal, 2014, 35(5).

Jha, A. and J. Cox, Corporate social responsibility and social capital[J]. Journal of Banking & Finance, 2015, 60(4—5).

Jia, N., Corporate innovation strategy and stock price crash risk[J]. Journal of Corporate Finance, 2018(53).

Jun, X., M. Li and C. Yugang, Catering to behavioral demand for dividends and its potential agency issue[J]. Pacific-Basin Finance Journal, 2017(46).

Kadioglu, E. and E. A. Yilmaz, Is the free cash flow hypothesis valid in Turkey?[J]. Borsa Istanbul Review, 2017, 17(2).

Kao, L. and A. Chen, How product market competition affects dividend payments in a weak investor protection economy: Evidence from Taiwan[J]. Pacific-Basin Finance Journal, 2013(25).

Lam, K. C. K., H. Sami and H. Zhou, The role of cross-listing, foreign ownership and state ownership in dividend policy in an emerging market[J]. China Journal of Accounting Research, 2012, 5(3).

Lin-Hi, N. and I. Blumberg, The link between (not) practicing CSR and corporate reputation: psychological foundations and managerial implications[J]. Journal of Business Ethics, 2018, 150(1).

Luo, X. and S. Du, Exploring the relationship between

corporate social responsibility and firm innovation[J]. Marketing Letters,2015,26(4).

Marin, L. , P. J. Martín and A. Rubio, Doing good and different! The mediation effect of innovation and investment on the influence of CSR on competitiveness: ways from CSR to competitiveness[J]. Corporate Social Responsibility & Environmental Management,2017(2).

Martinez-Conesa, I. , P. Soto-Acosta and M. P. Manzano, Corporate social responsibility and its effect on innovation and firm performance:an empirical research in SMEs[J]. Journal of Cleaner Production,2016(142).

Mathur, I. , et al. , How do bond investors perceive dividend payouts?[J]. Research in International Business and Finance,2013,27(1).

Mccarthy, S. , B. Oliver and S. Song, Corporate social responsibility and CEO confidence[J]. Journal of Banking & Finance,2017(75).

Mcwilliams A, Siegel D. Corporate Social Responsibility:A Theory of the Firm Perspective[J]. Academy of Management Review,2001,26(1).

Park, K. , Financial reporting quality and corporate innovation[J]. Journal of Business Finance & Accounting,2018,45(7-8).

Ratajczak, P. and D. Szutowski, Exploring the relationship between CSR and innovation[J]. Social Science

Electronic Publishing, 2016, 7(2).

Rexhepi, G., S. Kurtishi and G. Bexheti, The importance of innovation in corporate social responsibility (CSR) [J]. SSRN Electronic Journal, 2011.

Sakawa, H. and N. Watanabel, Parent control and ownership monitoring in publicly listed subsidiaries in Japan [J]. Research in International Business and Finance, 2018(45).

Sena, V., et al., Board independence, corruption and innovation. Some evidence on UK subsidiaries [J]. Journal of Corporate Finance, 2018(50).

Sun, X. and B. C. Gunia, Economic resources and corporate social responsibility [J]. Journal of Corporate Finance, 2018(51).

Tang, Y., When does competition mitigate agency problems? [J]. Journal of Corporate Finance, 2018(51).

Wei, X., C. Wang and Y. Guo, Does quasi-mandatory dividend rule restrain overinvestment? [J]. International Review of Economics & Finance, 2018.

Withisuphakorn, P. and P. Jiraporn, The effect of firm maturity on corporate social responsibility (CSR): do older firms invest more in CSR? [J]. Applied Economics Letters, 2016, 23(4).

Wu, W., et al., Will Green CSR Enhance Innovation? A Perspective of Public Visibility and Firm Transparency

[J]. International Journal of Environmental Research & Public Health,2018,15(2).

Xiao, G. , Legal shareholder protection and corporate R&D investment[J]. Journal of Corporate Finance,2013,23(C).

Yung, K. & Y. Jian, Effects of the shareholder base on firm behavior and firm value in China[J]. International Review of Economics & Finance,2017(49).